KLEINE AUSZEITEN IN -SÜDTIROL-

KLEINE AUSZEITEN IN

-SÜDTIROL-

UDO BERNHART · HERBERT TASCHLER

WOCHENEND & WOHNMOBIL

CAMPING- & STELLPLÄTZE · HIGHLIGHTS · AKTIVITÄTEN

BRUCKMANN

INHALT

Die Qual der Wahl: Südtirol hat in jeder Richtung viel zu bieten.

AUSZEIT IN SÜDTIROL

Paradies mit alpin-mediterranem Flair

Berge, Seen, Wälder: 40 Prozent Südtirols stehen unter Naturschutz.

Südtirol lädt ein zu spannenden Wochenendtouren, zu Kurztrips und Entdeckungsreisen. Dort, wo alpine Traditionen und mediterrane Leichtigkeit aufeinandertreffen, gibt es hinter jeder Ecke etwas Neues zu entdecken: Naturschauspiele und Perlen der Kunst, altes Brauchtum und innovative Projekte, Genuss pur und gesellige Gemütlichkeit.

520 000 Menschen leben in Südtirol – gerade mal so viele wie in einer mittelgroßen deutschen Stadt. Knapp 70 Prozent gehören der deutschen Sprachgruppe an, 26 Prozent der italienischen und gute vier Prozent der ladinischen.
60 Prozent der Fläche Südtirols liegen über 1600 Metern Meereshöhe, 40 Prozent des Landes stehen unter Naturschutz. 350 Berggipfel sind höher als 3000 Meter. Der Ortler mit seinen 3905 Metern ragt am weitesten in den Himmel. Nur knappe sechs Prozent beträgt die besiedelbare Fläche des Landes.
Jeder zehnte Apfel in Europa und jeder dritte in Italien wachsen in Südtirol. Südtirols Weine genießen weit über die Grenzen des Landes hinaus einen ausgezeichneten Ruf – von Südtirols alpin-mediterraner Küche ganz zu schweigen. 380 Kilometer Radwege, 1200 Kilometer Skipisten, 800 Burgen, Schlösser und Ansitze, 300 Sonnentage im Jahr, 211 Musikkapellen … der Vielfalt im Land sind keine Grenzen gesetzt.

◀ Bauernbrot … ▶ … und Pressknödel: Südtirols Küche ist ausgezeichnet.

UNTERWEGS IN SÜDTIROL

Unterwegs mit dem Wohnmobil, dem Motorrad oder mit Fahrrad und Zelt - ein solcher Urlaub zählt für viele Reisende zu den schönsten, spannendsten und abenteuerlichsten Urlaubsformen. Freiheit und Naturerlebnis stehen dabei im Mittelpunkt. Wohnmobiltouristen und Campingurlauber können frei von irgendwelchen Zwängen individuell entscheiden, wie lange sie sich an einem Ort aufhalten und welche Freizeitaktivitäten auf dem Tagesprogramm stehen.

Camperurlaub lebt davon, dass man sein Wohnmobil dort abstellt, wo es einem gerade gefällt - im erlaubten Rahmen natürlich. Das gilt sowohl für die einen, die meinen, dass man mit einem voll ausgestatteten Wohnmobil nicht auf einen Campingplatz fahren muss, als auch für all die anderen, die einen Campingplatz bevorzugen, und sich über einen Wohnmobilstellplatz mit all dem nötigen Komfort freuen.

Das Südtiroler Angebot an gut ausgestatteten und einladenden Camping- und Stellplätzen ist groß. Das Land ist voll von schönen Orten, die dazu einladen, das Land kreuz und quer zu bereisen und sich an immer neuen, unbekannten Plätzen niederzulassen.

Im Herzen der Dolomiten: Bergbauernhöfe in St. Kassian in Alta Badia

▲ Das Becherhaus auf 3195 m, das höchste Schutzhaus Südtirols

◀ Südtiroler Trachtenhut ▶ Kriegerdenkmal und Kapelle am Col di Lana

EIN REISEFÜHRER FÜR ALLE

Reisen im Wohnmobil ermöglichen es, Land und Leute intensiver und langsamer zu erkunden. Dieser Reiseführer ist für alle gedacht, die etwas mehr von Südtirol sehen, erleben und genießen wollen. Viel Spaß und Genuss auf Ihrer Entdeckungsreise!

STERZING

Mittelalterlicher Marktflecken mit Flair

Schloss Wolfsthurn: Sitz des Landesmuseums für Jagd und Fischerei

1

Das Eisacktaler Städtchen Sterzing erstreckt sich von 935 bis über 2700 Meter Meereshöhe und zählt rund 6500 Einwohner. Aufgrund seiner strategisch wichtigen Lage zwischen den alpinen Übergängen Jaufenpass, Brennerpass und Penserjoch ist das traditionsreiche Bergwerkszentrum Sterzing schon seit jeher ein wichtiger Handels- und Marktplatz.

Auf unserer Anreise passieren wir den Brennerpass. In der ehemaligen Zollstation am Pass befindet sich seit 2013 das Plessi-Museum, ein innovatives Bauwerk mit Museum, Kongresszentrum und Autobahnrestaurant. In einer Dauerausstellung werden die Kunstwerke von Fabrizio Plessi, einem der bekanntesten italienischen Künstler der Gegenwart, gezeigt.
Im Normalfall rauscht jeder auf der Autobahn daran vorbei Richtung Süden. Allzu unwirtlich und kalt präsentiert sich Europas wichtigster Nord-Süd-Alpenübergang häufig. Ein kleiner Zwischenstopp lohnt sich aber durchwegs.
Das vom Ingenieur Carlo Costa entworfene Gebäude und von der Brenner-Autobahn verwirklichte Projekt setzt neue Akzente in der Gegend. Es ist das erste Museumsgelände entlang der italienischen Autobahnen – für die Verantwortlichen »ein Symbol der Verbindung zwischen dem Mittelmeerraum und Mitteleuropa«. Das Plessi-Museum erstreckt sich über eine Fläche von etwa 13 000 Quadratmetern und gleicht der Form nach einer Vitrine aus Kristall, überragt von einer großflächigen Abdeckung. Für Carlo Costa »ein Gesamtraum aus Tönen und Bildern, eine überdachte Piazza, eine moderne Agora der Sinne, die den Genuss der Werke von Fabrizio Plessi zu einer sowohl ästhetischen als auch sozialen und ökologischen Erfahrung werden lässt«.
Ausgestellt werden Videos, Zeichnungen und Installationen von Plessi sowie die große, begehbare Installation, die der Künstler im Jahr 2000 als grenzüberschreitendes Projekt der Europaregion Tirol für die Expo Hannover geschaffen hat. Die Skulptur vereint eine Darstellung der drei Länder Trentino, Südtirol und Tirol und ist wie eine künstliche Berglandschaft konzipiert: Eine Alpenlandschaft, die man durchqueren und von innen heraus technologisch erleben kann sowie ein Ausdruck des friedvollen und dialogbereiten Zusammenschauens im Herzen Europas.

1

Tipp

Das Outlet Center Brenner, zwei Minuten von der Autobahnausfahrt entfernt gelegen, ist das einzige in Südtirol, mit 60 internationalen Marken, Gastronomie, über 70 Shops und starken Angeboten – zu Outlet-Preisen eben (Täglich von 10–19 Uhr geöffnet, St.-Valentin-Straße 9a, 39041 Brenner, Tel. +39/0472/636700, outletcenterbrenner.com).

FUGGERSTADT STERZING

Der 46 Meter hohe, zentral gelegene **Zwölferturm** ist das Wahrzeichen der Fuggerstadt Sterzing und teilt den Stadtkern seit 1472 in Altstadt und Neustadt. Das Symbol für den damaligen wirtschaftlichen und kulturellen Aufschwung der Stadt trägt den Namen Zwölferturm, weil seine Glocke die Bürger der Stadt täglich zur Mittagspause ruft.

Die **nördlichste Stadt Italiens** blieb vor den Zerstörungen der letzten beiden großen Kriege weitgehend verschont. Viele historische Gebäude und Sehenswürdigkeiten sind daher noch bestens erhalten. Die malerische Hauptstraße, die durch den Zwölferturm von der Neustadt in die Altstadt führt, erstrahlt noch im Glanz des ausgehenden Mittelalters und bildet heute die lebendige Geschäfts-und Flaniermeile der Stadt.

Das Silberbergwerk im nahen Ridnauntal machte Sterzing einst wohlhabend. Bedeutende Unternehmerfamilien wie die Augsburger Fugger verlegten ihre Geschäfte nach Sterzing und prägten maßgeblich das Bild der Stadt. Reich ausgestattete Bürgerhäuser in der historischen Altstadt zeugen noch heute vom regen Handel im ausgehenden Mittelalter. Das **Sterzinger Rathaus** mit seinem gotischen Ratssaal samt Wandgetäfel und Balkendecke wurde zwischen 1468 und 1473 erbaut. Es beherbergt eine bemerkenswerte Kunstsammlung sowie den schönsten gotischen Ratssaal in Tirol und kann besichtigt werden.

Im Süden der Stadt finden Kulturliebhaber im ehemaligen Deutschordens-Haus und in der Stadtpfarrkirche Unsere liebe Frau im Moos ein wahres Juwel. Im Komplex des Ritterordens ist heute das **Multscher- und Stadtmuseum** beheimatet. Ein besonderes Highlight sind die Prunksäle im Haus der Deutschordensherren. Das Museum verwahrt den größeren Teil des bedeutenden spätgotischen Flügelaltars vom Ulmer Bildhauer und Maler Hans Multscher von 1459.

◀ Der Zwölferturm ist das Wahrzeichen der Fuggerstadt Sterzing.
▲ In Sterzings Altstadt lässt es sich gut speisen … ▼ … und shoppen.

SÜDTIROLS BESTER ASIATE lädt ins Restaurant Kleine Flamme unter den Sterzinger Lauben. Haubenkoch Burkhard Bacher entführt mit kulinarischen Gesamtkunstwerken und mit originellen Gerichten ins Reich seiner asiatisch geprägten Italo-Thai-Küche (Neustadt 31, 39049 Sterzing, Tel. +39/0472/766065, kleineflamme.com).

ROMANTISCHE BURGEN UND WALLFAHRTSKIRCHEN

Einige Kilometer südlich von Sterzing thront die Burg Reifenstein, eine der am besten erhaltenen Burganlagen Südtirols, hoch über dem Talkessel und wartet auf Besuch. Die Burg wurde im Jahr 1100 erstmals urkundlich erwähnt und ging in den Besitz des Grafen Albert von Tirol über. 1809 erhielten die Fürsten von Thurn und Taxis die Burg Reifenstein von der bayerischen Regierung als Entschädigung für den zuverlässigen Postdienst. Noch heute befindet sich Reifenstein in deren Privatbesitz.
Die höher als Reifenstein gelegene Burg Sprechenstein auf der anderen Talseite besteht aus einer Unter- und einer Oberburg mit einem Burgfried und einem mehrfach umgebauten Wohngebäude. Die 1241 erbaute Burg ging durch Erbschaft an die Familie Auersperg und kann nur von außen besichtigt werden.

Der Jaufenpass auf 2094 m verbindet das Passeiertal mit dem Wipptal.

In der Umgebung von Sterzing befinden sich zudem zahlreiche sehenswerte Kirchen, darunter auch die viel besuchte und bekannte **Wallfahrtskirche Maria Trens**. Der spätgotische Bau stammt aus dem Jahre 1498 und ist nach Maria Weißenstein der bedeutendste Wallfahrtsort Südtirols. Das Gnadenbild der stehenden Madonna mit Kind stammt aus dem Jahre 1470. Von kunsthistorischem Interesse sind die zahlreichen Votivtafeln, welche die Gläubigen im Laufe der Jahrhunderte hier als Dank für erhaltene Hilfe an die Wände gehängt haben.

AUF ABWEGEN IN DIE NATUR

Vom Sterzinger Talkessel aus zweigen die Seitentäler **Ratschings, Ridnaun und Jaufental** sowie **Pflersch** und **Pfitsch** ab, das ganze Jahr über wahre Paradiese für Naturliebhaber und Aktivurlauber. Mit ihrem großen Netz an Wanderwegen in einer weitgehend unberührten Natur bieten sie ideale Voraussetzungen für Wanderer und Genussurlauber auf der Suche nach Ruhe und aktiver Entspannung.

An der Südseite des Alpenhauptkamms warten Ratschings und seine Täler mit beeindruckenden Naturschauspielen, etwa der Gilfenklamm, und Sehenswürdigkeiten auf. Bergbau und Landwirtschaft spielten im Tal seit der Antike eine große Rolle. Davon zeugt noch heute das Bergbaumuseum in Maiern. Das 23 Kilometer lange naturbelassene Pfitschtal beginnt auf der anderen Talseite und reicht von Wiesen über Innerpfitsch hinauf bis zur hochalpinen Kulisse des Pfitscher Joches auf 2246 Metern und in das Herz der Zillertaler Alpen mit dem 3509 Meter hohen Hochfeiler.

EIN BESUCH IN DER GILFENKLAMM bei Ratschings, einem der beliebtesten und bekanntesten Naturwunder Südtirols, wird zu einem eindrucksvollen Erlebnis mit der Urgewalt der Natur (Tourismusverein Ratschings, Tel. +39/0472/760608, ratschings.info).

Tipp

Das Schaubergwerk und Abenteuermuseum mit einem einmaligen Denkmal der industriellen Revolution liegt in Ridnaun. Der Poschhausstollen führt auf sechs Kilometern Länge quer durch den Berg in das Passeiertal. In Mareit hingegen lädt das Südtiroler Landesmuseum für Jagd und Fischerei auf Schloss Wolfsthurn ein, das einzige erhaltene Barockschloss Südtirols.

DAS WIRTSHAUS PRETZHOF lockt mit Produkten vom eigenen Bauernhof ins kleine Streudorf Tulfer am Eingang des Pfitschertals, acht Kilometer von Sterzing entfernt. Ulli Mair kocht frisch, heimisch und natürlich. Käse, Würste und vieles mehr gibt es auch im Hofladen (Pretzhof, Tulfer 259, Wiesen/Pfitsch, Tel. +39/0472/764455, pretzhof.com).

◀ Touren in hochalpiner Kulisse ▶ Bergbaumuseum in Ridnaun

AUF EINEN BLICK

Info

STADT/REGION: Sterzing
BESTE REISEZEIT: Ganzjährig
OPTIMALE REISEDAUER: 2–3 Tage
TOURISTINFO: Touristinfo Sterzing, Stadtplatz 3, 39049 Sterzing, Tel. +39/0472/765325, sterzing.com

SEHENSWÜRDIGKEITEN

MUSEUM PLESSI: Brennerpass, täglich von 5–22 Uhr geöffnet, autobrennero.it
SÜDTIROLER LANDESBERGBAUMUSEUM: Ridnaun, Tel. +39/0472/656364, bergbaumuseum.it
SÜDTIROLER LANDESMUSEUM FÜR JAGD UND FISCHEREI: Schloss Wolfsthurn, Kirchdorf 25, Ratschings/Mareit, Tel. +39/0472/758121, wolfsthurn.it
MULTSCHER MUSEUM UND STADTMUSEUM: Deutschhaus, Deutschhausstraße 11, Sterzing, Tel. +39/0472/766464, museen-suedtirol.it
BURG REIFENSTEIN: Freienfeld, Informationen und Gruppenbuchungen unter Tel. +39/339/2643752

Das Plessi-Museum am Brennerpass: ein innovatives Bauwerk

◀ Die Gilfenklamm, eines der beliebtesten Naturwunder Südtirols
▲ Auf dem Camping Gilfenklamm ▼ Das Outlet Center am Brenner

CAMPING GILFENKLAMM

ADRESSE: Jaufenstraße 2b, 39040 Ratschings/Gasteig, Tel. +39/0472/779132, camping-gilfenklamm.com
ANFAHRT: Brenner-Autobahn A22, Ausfahrt Sterzing/Vipiteno, 2 km Richtung Ratschings/Ridnaun.
GPS: 46.88241, 11.40832

Gleich in der Nähe der Ausfahrt der Brenner-Autobahn Sterzing liegt am Eingang des Ratschingsertals der Waldcamping Gilfenklamm in Gasteig. Der Campingplatz lädt mit geräumigen, schattigen Stellplätzen für Zelte und Wohnmobile zum Besuch. Zu den klassischen Leistungen gibt es einen Grillplatz und einen Spielraum für Kinder. Im Sommer sind Sterzing und die umliegenden Täler zu Fuß, mit dem Fahrrad oder mit dem Bus vom Campingplatz aus erreichbar. Im Winter geht es zum Skifahren nach Ratschings-Jaufen oder auf den Rosskopf sowie zum Langlaufen und Rodeln ins Ridnauntal.

Älteste Stadt Tirols

Vor allem der Barock prägt die Bischofsstadt Brixen und ihre Architektur.

2

Vom Norden kommend öffnet sich vor Brixen das Tor zum Süden in einem breiten Talkessel. Die ersten Weinberge und Kastanienhaine versprechen ein mildes Klima. Und die älteste Stadt Südtirols hat einiges zu bieten: darunter das Zentrum mit Domplatz und barockem Bischofsdom, den Kreuzgang und die mittelalterlichen Lauben.

Bereits vor 10000 Jahren lebten Menschen im Brixner Talkessel. In der Jungsteinzeit entstanden die ersten Siedlungen. Urkundlich erwähnt wurde Brixen 901 nach Christi als Meierhof Prihsna in einer Schenkungsurkunde des Karolingers Ludwig IV. an Bischof Zacharias von Säben. Um 1150 wurde die Stadt mit Mauern umringt. Obwohl die Renaissance wichtige Spuren in Brixen hinterlassen hat, prägte vor allem der Barock die Stadt und ihre Architektur: Der Dom wurde neugestaltet, der Wohn- und Verwaltungssitz des Bischofs, die Hofburg, zum repräsentativen Palast ausgebaut.
Der einzigartige **Domplatz**, zahlreiche sakrale Bauten, die denkmalgeschützte mittelalterliche Altstadt mit den Laubengängen, museale Schätze und archäologische Kleinode laden zum Entdecken ein. Zu einer eindrucksvollen Reise zurück in die Geschichte wird ein Besuch im **Kreuzgang** neben dem Dom. Das heute sichtbare Kreuzgradgewölbe geht auf die Zeit um 1370 zurück. Die Malereien stammen aus der frühen bis späten Gotik (14–16. Jh.) und dienten der Illustration von Bibelstellen, die so auch dem gemeinen Volk zugänglich waren. Ein großer Teil der Fresken stammt von Meister Leonhard von Brixen.
Brixen hat aber auch sonst einiges zu bieten: ein Aperitif in der Brixner Altstadt, ein Shoppingnachmittag, ein gemütlicher Abend in einem der zahlreichen kleinen Restaurants … es bleibt die Qual der Wahl.

Tipp

Dom, Kreuzgang und Hofburg in Brixen sind einen Besuch wert! Führungen durch den Dom und den gotischen Kreuzgang von Brixen gibt es von Ostern bis Allerheiligen von Montag bis Samstag jeweils um 10.30 und um 15 Uhr. Treffpunkt ist die Vorhalle im Dom. Die Hofburg Brixen, bis 1973 Sitz der Bischöfe der Diözese Brixen, beherbergt das Diözesanmuseum und ein sehenswertes Krippenmuseum.

2

DAS PHARMAZIEMUSEUM BRIXEN in der Adlerbrückengasse im historischen Zentrum von Brixen hat sich zu einer besonderen Adresse entwickelt. Fortschritt und Umbruch der Arzneikunde werden hier anschaulich beschrieben.

KLOSTER NEUSTIFT

Nur einige hundert Meter vom Campingplatz Löwenhof entfernt befindet sich das im Jahre 1142 von Bischof Hartmann von Brixen gegründete Augustiner-Chorherrenstift Neustift. Die einzigartige Klosteranlage liegt inmitten von Weinbergen und gilt als die größte in ganz Tirol.
Vor der Klosteranlage steht die um 1200 erbaute Michaelskapelle, ein zinnengekrönter, romanischer Rundbau, dessen Vorbild die Engelsburg in Rom gewesen ist. Gleich daneben befindet sich der Stiftskeller, der zur Verkostung der eigenen Weine und Produkte einlädt. Im Klosterhof trifft man auf den berühmten achteckigen Renaissancebrunnen mit freskenverziertem Baldachin und der Abbildung der sieben Weltwunder. Kloster Neustift ist dabei als »achtes Weltwunder« zu bestaunen. Von hier aus starten die Führungen durch das Stift und durch die wichtigsten Epochen der Kunstgeschichte: Romanik, Gotik, Renaissance, Barock und Rokoko

Der Neustifter Klosterhof mit dem berühmten achteckigen Renaissancebrunnen

◀ Die mittelalterlichen Lauben in Brixen ▲ Die besonderen Juwelen von Neustift: die Stiftsbibliothek … ▼ … und die barocke Stiftskirche

haben hier ihre Spuren hinterlassen. Dazu zählt die barocke Stiftskirche genauso wie der gotische Kreuzgang mit den Fresken von Michael Pacher. Ein besonderes Juwel stellt die **Stiftsbibliothek** dar. Der Bibliothekssaal wurde 1778 im Rokokostil errichtet, mit mehrfarbigem Parkett und umlaufender Galerie. 92 000 Bücher, wertvolle Manuskripte und Karten werden hier aufbewahrt. In der Pinakothek sind gotische Tafelbilder, Altäre, liturgische Kostbarkeiten und historische Instrumente ausgestellt.

DIE STIFTSKELLEREI VON KLOSTER NEUSTIFT mit ihren ausgezeichneten Eisacktaler Weißweinen lohnt ebenso einen Besuch wie der kürzlich restaurierte Stiftsgarten am Eingang des Klosters und der Klosterladen der Stiftskellerei mit seinem breiten Angebot von Produkten aus verschiedenen Klöstern des Alpenraums.

Panoramablick von der 2500 Meter hohen Plose, dem Hausberg von Brixen

AUSSICHT AUF DER PLOSE

Die 2500 Meter hoch gelegene Plose ist der Hausberg von Brixen. Die Plose steht für viel Sonne, eine beeindruckende 360-Grad-Panoramaaussicht und im Winter natürlich für herrliches Skivergnügen. Acht Aufstiegsanlagen und rund 45 Pistenkilometer sorgen für Abwechslung. Die Trametsch ist mit ihren neun Kilometern die längste präparierte Abfahrt Südtirols – eine ganz besondere Herausforderung für Wagemutige. Hinzu kommt der Hüttenzauber auf den verschiedenen Schutz- und Almhütten auf der Plose. Und für all jene, die nicht so gern auf den Brettern stehen, gibt es eine einladende Rodelbahn am Wanderweg zur Rossalm.
Brixen und seine umliegenden Dörfer mit dem Hausberg Plose bieten Abwechslung für jeden Geschmack: eine Törggelewanderung an den Sonnenhängen des Pfeffersbergs mit anschließender Einkehr in einer Buschenschank, Stunden voller Entspannung im Schwimm- und Wellnessbereich des Erlebnisbads Acquarena … langweilig wird es in Brixen nicht.

KULTURWANDERUNG ST. CYRILLUSWEG

Wandern mit Entdecken von Sehenswürdigkeiten zu verbinden, hat einen ganz besonderen Reiz. Brixen und seine umliegenden Dörfer bieten für solche Kulturwanderungen zahlreiche Gelegenheiten.

Der Cyrillusweg etwa führt von Brixen über den Europa-Besinnungsweg zum St. Cyrillus-Kirchlein. 1238 wurde die Kirche erstmals urkundlich erwähnt, 1654 wurde das romanische Langhaus mit einem Chorraum verlängert. Das Innere ist heute zum großen Teil barock, es sind aber auch einige mittelalterliche Fresken erhalten. Die acht Besinnungspunkte auf dem Weg sind dem christlichen Europa und seinen Heiligen gewidmet. Der Wanderweg beginnt am zentralen Busbahnhof nahe der Universität und führt über die Burgfriedengasse ansteigend zur Autobahnüberführung. Vorbei am Südtiroler Kinderdorf verläuft der Weg über den Talhofer Graben und folgt dem Europa-Besinnungsweg zum St. Cyrillus-Kirchlein. Für die knapp fünf Kilometer lange Strecke (hin und zurück) sollten etwa zwei Stunden eingeplant werden.

Tipp

Die Festung Franzensfeste, einst unüberwindbare Talsperre, ist heute ein Ort des kulturellen Austauschs. Mit ihren 65 000 Quadratmetern Fläche ist die 1833 unter Kaiser Franz I. errichtete Festung die größte historische Militäranlage Südtirols. Seit 2005 ist die Franzensfeste öffentlich zugänglich und Austragungsort unterschiedlichster Ausstellungs- und Veranstaltungsformate.

Die Franzensfeste, Südtirols größte historische Militäranlage

AUF EINEN BLICK

STADT/REGION: Brixen
BESTE REISEZEIT: März bis Dezember
OPTIMALE REISEDAUER: 2–3 Tage
TOURISTINFO: Brixen Tourismus, Regensburger Allee 9, 39042 Brixen, Tel. +39/0472/275252, brixen.org

SEHENSWÜRDIGKEITEN

PHARMAZIEMUSEUM BRIXEN: Adlerbrückengasse 4, Brixen, Tel. +39/0472/209112, pharmaziemuseum.it
HOFBURG BRIXEN: Hofburgplatz 2, Brixen, Tel. +39/0472/830505, hofburg.it
AUGUSTINER CHORHERRENSTIFT NEUSTIFT: Stiftstraße. 1, Vahrn, Tel. +39/0472/836189, kloster-neustift.it
FESTUNG FRANZENSFESTE: Brennerstraße, Franzensfeste, Tel. +39/0472/057218, franzensfeste.info

Der Camping Löwenhof liegt in idealer Lage nahe Brixen.

◀ Der Löwenhof von oben ▶ Im Kreuzgang des Brixener Doms

CAMPING LÖWENHOF

ADRESSE: Löwenviertel/Brennerstraße 60, 39040 Vahrn, Tel. +39/0472/836216, loewenhof.it

ANFAHRT: Brenner-Autobahn A22, Ausfahrt Brixen-Pustertal, Landstraße SS12 Richtung Brixen/Vahrn. Der Löwenhof befindet sich zu Ihrer Linken.

GPS: 46.73491, 11.64787

Der Campingplatz liegt in idealer Lage, nur 10 Minuten von der Autobahnausfahrt entfernt, am Eingang zur ehemaligen Bischofsstadt Brixen. Stellplätze mit 65 m^2, Komfort-Stellplätze mit 80 m^2 sowie Rastplätze mit 35 m^2 stehen zur Verfügung – mit freier Nutzung der Sanitäranlagen und des beheizten Freibades (01.05.–30.09.) mit separatem Kinderbecken. Das Hotel Löwenhof grenzt an den Campingplatz. Die Campinggäste können sämtliche Hotelleistungen in Anspruch nehmen. À-la-carte-Restaurant und Pizzeria mit Holzofen gleich nebenan. Bushaltestelle vor dem Campingplatz.

CAMPING VAHRNER SEE

ADRESSE: Vahrner-See-Weg 6, 39040 Vahrn, Tel. +39/0472/832169, camping-vahrner-see.com

ANFAHRT: Brenner-Autobahn A22, Ausfahrt Brixen-Pustertal, Landstraße SS12 Richtung Brixen/Vahrn.

GPS: 4676124 /1163437

In idyllischer Lage, unmittelbar am Vahrner See, liegt der Gasthof Zum Vahrner See mit Campingplatz – 3 km vom Ortszentrum von Vahrn und 7 km von Brixen entfernt. Der Platz ist auch für Familien mit Kindern gut geeignet. Ein Kinderspielplatz im Grünen und so gut wie kein Verkehr rund um den Campingplatz sind dabei die Pluspunkte. In nächster Nähe gibt es zahlreiche Wandermöglichkeiten durch Wald und Flur, Radfahrwege und die Möglichkeit zum Schwimmen im hauseigenen Badesee.

TAUFERER AHRNTAL

Dreitausender und alte Handwerkstradition

Die mittelalterliche Burg Taufers, eine der mächtigsten Burganlagen des Landes

3

Das Tauferer Ahrntal setzt sich aus dem Tauferer Tal, von Bruneck bis nach Sand in Taufers, und dem Ahrntal, das bis zum Talschluss bei Kasern reicht, zusammen. Im urigen Tal gehören alte Handwerkstraditionen wie das Klöppeln oder Schnitzen noch zur unverwechselbaren Ahrntaler Lebensart.

Das Tauferer Ahrntal, ein Seitental des Pustertals, zweigt in Bruneck vom Haupttal in Richtung Norden ab. Das Gemeindegebiet reicht von 942 bis auf 3378 Höhenmeter. Insgesamt an die 80 Dreitausender umrahmen das Tal an der sonnigen Südseite der Zillertaler Alpen wie ein mächtiger Schutzwall. 70 Prozent des Gemeindegebiets stehen mit dem 31 500 Hektar großen, länderübergreifenden Naturpark Rieserferner-Ahrn unter besonderem Schutz. Hier gibt es zahlreiche Naturschönheiten wie die Reinbach- und die Schwarzbach-Wasserfälle, den Klaussee, zahlreiche Almen, Berggipfel und Schutzhütten zu entdecken und zu erwandern. Für Abenteuerlustige locken Raftingausflüge auf der Ahr, Paragleiten, Berg- und Biketouren oder eine Erfrischung im Naturbadeteich in Sand in Taufers.

Tipp

Im Naturparkhaus Riesenferner-Ahrn erfährt man allerhand über Berge, Schutzhütten und Seen im Naturpark. Immer wieder werden Kindernachmittage und Familienwanderungen veranstaltet. »Die Grenzen der Natur und die Grenzen des Menschen« lautet das Motto vom Naturparkhaus.

Entspanntes Wandern im länderübergreifenden Naturpark Rieserferner-Ahrn

3

DER RADWEG VON BRUNECK INS TAUFERER AHRNTAL bis nach Sand in Taufers verläuft weitgehend eben über Wiesen und Felder und ist gut ausgeschildert. Die 17,5 Kilometer lange Radtour beginnt in Bruneck am Kapuziner Platz Richtung St. Georgen und führt dann auf einem ruhigen Feldweg nach Gais. Vorbei am Badeteich Goasinga Locke geht es der Ahr entlang nach Uttenheim, Kematen und nach Sand in Taufers. Für die Fahrt benötigt man eine knappe Stunde.

SAND IN TAUFERS

Sand in Taufers ist mit über 5000 Einwohnern das Zentrum des Tauferer Ahrntals. Die Marktgemeinde umfasst die Ortschaften Rein in Taufers, Kematen, Mühlen in Taufers, Ahornach und den Hauptort Sand.
Sand in Taufers punktet das ganze Jahr hindurch mit spannenden Veranstaltungen und Events. Die Tauferer Straßenküche findet in den Monaten Juli und August statt. Sie ist ein echter Publikumsmagnet und verwöhnt die Besucher mit kulinarischen Köstlichkeiten aus Südtirol und ganz Italien. Beliebt sind auch der Almabtrieb in Rein oder der Tauferer Advent im Hauptort Sand in Taufers. Internationales Publikum zieht das große Käsefestival an, das im Zwei-Jahres-Rhythmus stattfindet.
Überragt wird Sand in Taufers von der mittelalterlichen Burg Taufers, einer der mächtigsten Anlagen des Landes. Die Burg Taufers wurde zu Beginn des 13. Jahrhunderts auf einem Felsvorsprung nördlich des Dorfes errichtet. Sie besteht aus 64 Räumen, Burggarten, Innenhof, Bergfried und Eiskeller. Im Innenhof findet man eine Ritterschänke, in der Südtiroler Spezialitäten angeboten werden. Die Burg ist in zehn Minuten von Sand in Taufers aus zu Fuß erreichbar.

DIE DREI REINBACH-WASSERFÄLLE in der Nähe von Sand in Taufers sind mit dem Franziskus-Besinnungsweg mit zehn Stationen miteinander verbunden. Beim höchsten der drei stürzen die Wassermassen über einen senkrechten Felsen 42 Meter nach unten. Die beiden anderen sind etwas niedriger, aber gleichsam sehr beeindruckend (Ausgangspunkt: Ortsteil Winkel in Sand in Taufers, Länge: 2,2 km, Gehzeit: 1,5 Stunden).

Die beeindruckenden Reinbach-Wasserfälle in der Nähe von Sand in Taufers

DIE NEUE CASCADE-BADEWELT am Fuße der Reinbachfälle in Sand in Taufers lädt zum Entspannen mit vier Indoorbecken, einem Sportpool, einem Outdoorpool, sechs Sauna- und Wärmekabinen und einer Außensauna sowie einem Naturbadeteich mit zahlreichen Wasserattraktionen ein. Ein Gourmetrestaurant bietet kulinarische Erlebnisse an (cascade-suedtirol.com).

Bergbau und Kupferabbau waren einst der Hauptwirtschaftszweig im Tal

ABENTEUER KUPFERBERGWERK

Das Ahrntal selbst umfasst die Gemeinden Luttach, Steinhaus, St. Jakob, St. Johann, St. Peter und Weißenbach. Zu besichtigen gibt es im Tal neben zahlreichen Kirchen unter anderem das Bergbaumuseum Kornkasten in Steinhaus oder das alte Bergwerk mit Klimastollen in Prettau. Dort werden Therapien für Menschen mit Lungenleiden angeboten.

Steinhaus ist mit knapp 900 Einwohnern der Hauptort des Ahrntals. Bergbau und Kupferabbau waren einst der Hauptwirtschaftszweig des Ortes und brachten Wohlstand in das Tal. Im Bergbaumuseum im Kornkasten wird die Geschichte des Ahrntaler Bergbaus anschaulich nachgezeichnet. Spannende Sonderausstellungen zeigen, wie der Bergbau das Leben der Menschen in und um die Stollen herum geprägt hat. Das Museum in Steinhaus ergänzt perfekt den zweiten Standort, das Schaubergwerk mit Klimastollen im nahen Prettau.

Prettau liegt auf fast 1500 Metern Meereshöhe und ist die nördlichste und kleinste Gemeinde Südtirols. Der Bergbau hat auch hier bis 1893 die wirtschaftliche Entwicklung bestimmt. Seine Blütezeit erlebte das Bergwerk von Prettau vor 600 Jahren, als die außergewöhnliche Geschmeidigkeit von Prettauer Kupfer weitum begehrt war. Die damals mit einfachen Werkzeugen Zentimeter um Zentimeter in den Felsen vorgetriebenen Stollen sind Meisterwerke bergmännischer Handwerkskunst. Aber noch im 20. Jahrhundert war Prettau **der drittgrößte Kupferlieferant Italiens**. Heute führt eine Grubenbahn in das Herz des Bergwerks. Die einmaligen mikroklimatischen Bedingungen und das ganz besondere Heilklima in den ehemaligen Stollen werden heute für Therapiezwecke genutzt. Hier atmet man die wohl reinste Luft, die man atmen kann.

DER KLAUSBERG BIETET ALLES, was sich aktive Familien wünschen. Von Steinhaus bringt uns die Kabinenbahn in wenigen Minuten hinauf auf 2500 Meter. Oben erwartet Bergfans nicht nur ein beeindruckendes Panorama, sondern auch eine große Bandbreite an Wanderwegen – vom gemütlichen Spaziergang zur Hütte bis zur herausfordernden Bergtour. Bestens präparierte Pisten versprechen im Winter ungebremsten Skispaß für Groß und Klein. Die fünf Kilometer lange Rodelbahn ist am Abend beleuchtet (skiworldahrntal.it).

KASERN UND WALLFAHRTSKIRCHE HEILIG GEIST

Der idyllische Weiler Kasern, ein kleines Naturparadies, liegt auf knapp 1600 Metern und bildet den Talschluss des Ahrntals. Der Ort hat sich einer gelebten Nachhaltigkeit und dem aktiven Gesundheitsbewusstsein verschrieben. Ein gut durchdachtes Ökosystem verbannt Verkehrsmittel aus dem Dorf. Die Stille der Natur und die faszinierende Aura der Bergwelt haben hier absoluten Vorrang. Ausgewiesene Gesundheitswege bieten Gelegenheit, Kraft zu tanken und die Seele baumeln zu lassen.
Einen Besuch wert ist die **Wallfahrtskirche zum Heiligen Geist**, einer der schönsten Wallfahrtsorte des Landes. Ein 20-minütiger Spaziergang entlang des Kreuzwegs führt von Kasern aus zur ehemaligen Knappenkirche für die Bergwerksleute des Prettauer Kupferbergwerks aus der Mitte des 14. Jahrhunderts. Die Kirche diente auch als Schutz für Reisende, die über die Krimmler Tauern in den Pinzgau oder nach Salzburg unterwegs waren.

◀ Radtour auf dem Klausberg ▶ Wallfahrtskirche zum Heiligen Geist in Kasern

AUF EINEN BLICK

Info

STADT/REGION: Tauferer Ahrntal
BESTE REISEZEIT: Ganzjährig
OPTIMALE REISEDAUER: 2–3 Tage
TOURISTINFO: Tourismusverein Ahrntal, Ahrner Straße 22, 39030 Luttach/Ahrntal, Tel. +39/0474/671136, ahrntal.com

SEHENSWÜRDIGKEITEN

NATURPARKHAUS RIESERFERNER-AHRN: Rathausplatz 9, Sand in Taufers, Tel. +39/0474/677546, naturparks.provinz.bz.it
BURG TAUFERS: Sand in Taufers, Tel. +39/0474/678053, burgeninstitut.com
BERGBAUMUSEUM KORNKASTEN: Steinhaus, Tel. +39/0474/651043, bergbaumuseum.it
BERGWERK PRETTAU: Prettau, Tel. +39/0474/654298, bergbaumuseum.it
WALLFAHRTSKIRCHE ZUM HEILIGEN GEIST: Kasern/Prettau, Informationen: Tel. +39/0471/671136

Die Burg Taufers wurde zu Beginn des 13. Jahrhunderts erbaut.

Die Burg Neuhaus liegt an einem bewaldeten Hang oberhalb von Gais.

CAMPING MAURLECHNHOF

ADRESSE: Weißenbachstraße 8, 39030 Luttach,
Tel. +39/348/3389988, maurlechnhof.com

ANFAHRT: Brenner-Autobahn A22, Ausfahrt Brixen Richtung Bruneck (SS49-E66), kurz vor Bruneck (30 km) über die Nordumfahrung in Richtung Tauferer Ahrntal abbiegen, am Dorfeingang von Luttach (19 km) nach ca. 0,7 km links Richtung Weißenbach einbiegen, dann noch 350 m bis zum Ziel.

GPS: 46.95253, 11.91764

Campingplätze sind im Ahrntal rar. Da kommt der Camping Maurlechnhof in Luttach gerade recht. 16 Stellplätze bieten auf dem Gelände des Bauernhofs Platz zum individuellen Übernachten und Verweilen. Durch die Anbindung an den Urlaubsbauernhof müssen die Gäste nicht auf den gewünschten Komfort verzichten. Für die Gastgeberfamilie Oberfrank ist dies »in erster Linie ein Platz zum Wohlfühlen und Entspannen – kurz: ein Daheim für die schönste Zeit!«. Geboten wird Bauernhofurlaub mit Wellnessvergnügen: Speis & Trank, Wellness & Sanitär – alles ist da.

ALTA BADIA

Im Tal der Dolomitenladiner

Romantischer Gebirgssee auf dem Weg zur Pralongia-Alm am Valparola Pass

4

Die Bergregion Alta Badia befindet sich im Herzen der Dolomiten. Das Tal, bekannt als die Genussregion Südtirols, kombiniert auf einzigartige Weise die Schönheit des Dolomiten-UNESCO-Welterbes mit der traditionellen Kultur der Ladiner und einem touristischen Angebot der Spitzenklasse.

Alta Badia liegt im südöstlichen Südtirol, auf einer Höhe zwischen 1300 und 2778 Metern. Mit 1200 Pistenkilometern und 460 Liften von Dolomiti Superski, dem umfangreichsten Skiverbund der Alpen, ist Alta Badia das Eldorado für Wintersportler aller Art. Aber nicht nur. Auch im Sommer ist die Gegend für Liebhaber von Natur und Outdoor-Aktivitäten wie gemacht und lädt zum Wandern, Radfahren, Golfen, Klettern oder Paragleiten ein.

GENUSSWELT ALTA BADIA

Wer den Genuss liebt, der fühlt sich in Alta Badia ohnehin im siebten Himmel. In keinem anderen Teil Südtirols gibt es so viele Gourmetrestaurants auf so kleinem Raum. Norbert Niederkofler vom Restaurant St. Huberts im Hotel & Spa Rosa Alpina in St. Kassian wurde 2017 mit dem dritten Michelin-Stern ausgezeichnet – einer von elf Küchenchefs in ganz Italien. Dem Sternekoch geht es in seiner Cook-the-mountains-Philosophie darum, »das kulinarische Erbe der Dolomiten wieder zum Leben zu erwecken und Südtirol eine neue Fine-Dining-Identität zu geben«.

◀ Hochdekorierte Sterneküche … ▶ … und bäuerliches Almleben in Alta Badia

4

WER DIE ECHTEN, URSPRÜNGLICHEN Spezialitäten der ladinischen Küche kennenlernen will, für den ist der Runch-Hof in Abtei, ein typischer familiengeführter Bauernhof, ein Muss. Die Familie Nagler lädt zu einer authentischen, einfachen Küche, die auf frischen Südtiroler Zutaten basiert (masorunch.it/de).

RÄTER, RÖMER UND LADINER

Die in Alta Badia lebenden Ladiner bilden heute eine Volksgemeinschaft von etwa 30 000 Menschen, die auf fünf Täler und drei Provinzen aufgeteilt sind. Das Bewusstsein der eigenen Sprache bestimmt ganz wesentlich ihre Identität.

Die einstigen Bewohner der Alpen waren die Räter, die nach der Eingliederung der Gebiete ins Römische Reich das Volkslatein der römischen Soldaten und Handelsleute übernommen hatten. Daraus entwickelte sich allmählich das **Ladinische oder Rätoromanische**. Die ladinische Sprache ist somit eine neulateinische Sprache, die in ihrer Grundsubstanz mit dem Italienischen, dem Französischen, dem Provenzalischen und dem Katalanischen verwandt ist.

Kultur und Traditionen werden in den ladinischen Tälern noch heute besonders hochgehalten, die Feste mit traditionellen Umzügen und kunstvollen Trachten gefeiert. Alta Badias Natur, seine Kultur und seine ladinische Bevölkerung wollen mit allen Sinnen erlebt werden.

WANDERUNG AUF DEN COL DI LANA

Der Col di Lana ist zum blutigen Inbegriff der Dolomiten-Gebirgsfront während des Ersten Weltkriegs geworden. Im Rahmen der Kampfhandlungen zwischen den österreich-ungarischen und den italienischen Soldaten wurde im April 1916 von letzteren der gesamte Gipfel des Berges in die Luft gesprengt. Vor der atemberaubenden Kulisse der Dolomiten gibt diese Wanderung eine Vorstellung von den Schrecken der damaligen Zeit. Wir fahren vom Campingplatz Sass Dlacia hinauf auf den Valparola Pass (2180 m). Dort gibt es beim ehemaligen österreichischen Fort und heutigen **Kriegsmuseum Tre Sassi** einen kostenlosen Parkplatz. Von hier aus geht es zuerst etwas bergab zum kleinen, seichten Valparola See. Dann beginnt der Aufstieg durch Zirben- und Lärchenwälder hinauf zum lang

◀ Ladinische Bauernküche ▲ Kriegsmuseum Tre Sassi ▼ Kriegsschauplätze der ehemaligen Dolomiten-Gebirgsfront am Col di Lana

gestreckten Graskamm, der den Settsass-Gipfel (2571 m) und den Monte Sief (2425 m) verbindet. Am Passo Sief (2209 m) stoßen wir auf die ersten Relikte des Ersten Weltkriegs: verwachsene Schützengräben, Baracken und Frontunterkünfte der Kaiserjäger, die uns bis zum Gipfelziel begleiten. Über den Buckel des Monte Sief, den ersten tollen Panoramapunkt, geht es (nach knapp zwei Stunden Wanderzeit) über einen etwas felsigen und zersplitterten Kamm hinüber zum Col di Lana auf 2452 Metern Meereshöhe. Neben den eindrucksvollen Resten aus dem Ersten Weltkrieg lohnt sich die Wanderung schon alleine wegen der einmaligen Aussicht von hier oben: hin zur Tofana di Rozes, zur Marmolada und zum Sellastock bis hinein zum Rosengarten.

DAS EHEMALIGE ÖSTERREICHISCHE Fort Tre Sassi am Valparola Pass wurde 1897 zur Verteidigung der südlichen Grenzen des österreichisch-ungarischen Reiches erbaut. 1915 wurde die Festung in Trümmer gelegt. Heute beherbergt sie ein Museum über den Ersten Weltkrieg. Ausgestellt werden Ausrüstung und Gegenstände des damaligen Soldatenlebens. Die Besichtigung ist kostenpflichtig.

▲ Marmolata, der höchste Berg der Dolomiten ▼ Klettersteig auf die Cirspitze V

KLETTERSTEIG CIRSPITZE V

Ein steiler, spannender und bestens abgesicherter Klettersteig lädt zum Erklimmen ein. Die Tour ist abwechslungsreich und landschaftlich sehr schön. Wir fahren dazu über Corvara zum Grödner Joch (2121 m) und parken auf der Passhöhe. Vom Joch (Start beim Hotel Cir) geht es über einen schmalen Fußweg bis zur Bergstation der Dantercepies-Bahn.

Auf griffigem Felsen geht es nun in steilem Gelände über Leitern, an Drahtseilen und durch Felsspalten hoch hinauf auf die 2520 Meter hohe Cirspitze V, die kleine Cirspitze. Vom Gipfel hat man einen tollen Blick hinüber zur großen Cirspitze, zur Sella-Gruppe und zum Langkofel-Massiv sowie hinunter ins Grödner Tal. Absolute Trittsicherheit ist für den steilen Abstieg durch die Südrinne mit viel losem Geröll erforderlich.

4

NATURSCHAUSPIEL ENROSADIRA

Bei Sonnenuntergang verfärben sich die bleichen Berge der Dolomiten und leuchten in warmen, hellen Rottönen von Rosa bis Orange und Karminrot. Das spektakuläre Naturphänomen ist als Alpenglühen, auf Ladinisch *Enrosadira* bekannt. Wie entsteht aber dieses Naturschauspiel, das die Gipfel entflammt, wenn das Licht auf den Dolomitenfels trifft? Die Zusammensetzung des Dolomit-Gesteins, welches Kalzium- und Magnesiumkarbonat enthält, bricht die Sonnenstrahlen am Felsen und so entsteht das faszinierende Farbenspiel. Das Schauspiel variiert von Saison zu Saison, sogar von Tag zu Tag, abhängig von der Position der Sonne, der Wolken und der Klarheit der Luft.

Tipp

Zu einem einmaligen Erlebnis wird die berühmte Sellaronda, eine Fahrradtour über die vier Dolomitenpässe rund um den Sellastock im Grödnertal: das Grödnerjoch, den Campolongopass sowie das Pordoi- und das Sellajoch. Beim Sellaronda Bike Day, zweimal pro Jahr, im Juni und im September, stehen die Passstraßen mitten in dieser zauberhaften Bergkulisse allen Radlern offen (sellarondabikeday.com).

Der Heiligkreuzkofel bei St. Kassian in Alta Badia im Alpenglühen

AUF EINEN BLICK

Info

STADT/REGION: Alta Badia, Hochabteital
BESTE REISEZEIT: Ganzjährig
OPTIMALE REISEDAUER: 2–3 Tage
TOURISTINFO: Tourismusverein Alta Badia, Col Alt 36, 39033 Corvara in Badia, Tel. +39/0471/836176, altabadia.org

SEHENSWÜRDIGKEITEN

WELTKRIEGSMUSEUM TRE SASSI: Valparola Pass, Cortina d'Ampezzo, Informationen: Tel. +39/0436/861112, cortinamuseoguerra.it

CAMPING SASS DLACIA

ADRESSE: Sciarè 11, 39036 San Cassiano, Alta Badia, campingsassdlacia.it/de
ANFAHRT: Brenner-Autobahn A22 bis zur Ausfahrt Brixen/Bressanone, Staatsstraße SS49 Pustertal/Val Pusteria nach St. Lorenzen/San Lorenzo, Staatsstraße SS244 Val Badia nach La Villa, SP37 bis San Cassiano.
GPS: 46.55438, 11.96999

Mit 1680 m Meereshöhe ist der Campingplatz Sass Dlacia der höchstgelegene Camping Europas. Er befindet sich im Gebiet von Armentarola-Saré, am oberen Ende von Alta Badia. Das nächste Dorf ist St. Kassian, 3 km nordwestlich vom Campingplatz. Im Südosten führen die Pässe Valparola und Falzarego nach Venetien und in die Dörfer Cortina d'Ampezzo und Arabba. Der Platz stellt einen idealen Ausgangs-

◀ Blick auf den Corvara ▶ Tour auf der Sellaronda

Camping Corvara Colfosco mit traumhafter Dolomitensicht

punkt für unzählige Spaziergänge und Wanderungen, Fahrrad- und Mountainbiketouren dar und bietet das ganze Jahr über eine große Auswahl an Outdoor-Aktivitäten und eine breite Palette an Dienstleistungen, die ganz auf die Bedürfnisse der Gäste abgestimmt sind.

CAMPING CORVARA COLFOSCO

ADRESSE: Via Sorega 15, Corvara in Badia, Tel. +39/0471/836515, campingcolfosco.org

ANFAHRT: Brenner-Autobahn A22 bis zur Ausfahrt Brixen/Bressanone, Staatsstraße SS49 Pustertal/Val Pusteria nach St. Lorenzen/San Lorenzo, Staatsstraße SS244 Val Badia nach La Villa und weiter bis Kolfuschg/Colfosco.

GPS: 46.55303, 11.86005

Am Fuße der majestätischen Sellagruppe bietet der familiengeführte Campingplatz zwischen Corvara und Kolfuschg alles, was das Camperherz begehrt. Ein schöner Waldweg verbindet beide Ortschaften mit dem Campingplatz. Die großen, effizienten und modernen Gemeinschaftsbereiche enthalten Wäscheraum (Münz-Waschmaschine & -Trockner), Geschirrspülbereich, Sanitäreinrichtungen und im Winter eine beheizte Ski-/Schuh-Aufbewahrung. Der Campingplatz verfügt außerdem über eine Bar und einen gut ausgestatteten Minimarkt. Beliebt sind Camper-Service (Wasserversorgung, chemische Toilette), Gas-Service, 24-Stunden-Warmwasser, eigene Dusche, Telefon, WLAN (kostenpflichtig), CEE-Steckdosen und Gasanschluss direkt am Stellplatz.

PRAGS, TOBLACH, LANDRO

Hochpustertaler Wildseen

Die Pfarrkirche von St. Veit – auf dem Weg zum Pragser Wildsee

Drei bezaubernde Bergseen und »Perlen der Dolomiten« laden im Hochpustertal zwischen malerischen Naturparks und mitten in einer grandiosen Gebirgskulisse zum Besuch: der Pragser Wildsee, der Toblacher See und der Dürren- oder Landrosee.

Der **Pragser Wildsee** liegt im malerischen **Naturpark Fanes-Sennes-Prags** auf knapp 1500 Metern. Ein Murenabgang hat einst das Landschaftsbild geprägt und einen natürlichen Staudamm geschaffen – mit dem imposanten Massiv des Seekofels (2810 m), der sich im glasklaren Wasser des Sees widerspiegelt, im Hintergrund. Unvergleichlich präsentiert sich das einmalige Naturschauspiel mit seinem facettenreichen Farbenspiel. Im Sommer leuchtet der See in einer Vielzahl von Grün- und Blautönen. Im Winter verwandelt er sich in ein romantisches Wintermärchen.
Der 31 Hektar große und bis zu 17 Meter tiefe Pragser Wildsee ist umrankt von zahlreichen Sagen aus der Vergangenheit und lädt zu schönen **Wanderungen und Bergtouren** in die Umgebung sowie zu einem vielfältigen Angebot an sportlichen Aktivitäten. Der Dolomiten-Höhenweg Nr. 1 nimmt hier seinen Anfang. Gemütlich einsteigen lässt es sich auf dem vier Kilometer langen Rundwanderweg rund um den See oder bei einer Tour mit dem Ruderboot. Einen Sprung ins kühle Nass des Bergsees wagen auch im Sommer nur die Mutigen.
Die italienische Erfolgsserie *Un passo dal cielo* mit Terence Hill (*Ganz nah am Himmel* in der deutschen Fassung) wurde am Pragser Wildsee gedreht und zieht in der Hochsaison ganze Scharen von Besuchern an. Um die Natur im Naturpark zu schonen, bleibt die Straße ab Schmieden im Hochsommer von 10 bis 15 Uhr gesperrt. Ab Schmieden gibt es einen Linien- und Shuttledienst zum Wildsee.

DAS HISTORISCHE GRANDHOTEL Pragser Wildsee direkt am Seeufer versetzt den Gast in eine andere Zeit. Die ausgedehnte Anlage wurde vom Niederdorfer Gastwirt Eduard Hellenstainer, dem Sohn der Tourismuspionierin Emma Hellenstainer, ab 1897 errichtet und begeistert noch heute durch epochalen Charme und den Eindruck gehobener Gastlichkeit der letzten Jahrhundertwende (lagodibraies.com/de).

5

FRAU EMMA – EUROPA, die solchermaßen adressierte Postkarte aus England erreichte vor 150 Jahren ohne Probleme ihre Adressatin: die berühmteste Wirtin Tirols. Emma Hellenstainer (1818–1904) erwarb sich ihren legendären Ruf durch ihre Qualitäten als charmante Gastgeberin und einzigartige Tourismuspionierin. Das Fremdenverkehrsmuseum im geschichtsträchtigen Haus Wassermann in Niederdorf dokumentiert die Geschichte des Tourismus im Hochpustertal (niederdorf.eu).

AM TOBLACHER SEE

Südlich von **Toblach**, am Tor zu den Dolomiten und auf der Strecke nach **Cortina,** liegt der idyllische Toblacher See. Vor langer Zeit durch Felsstürze geformt, wird der See von der unter den Drei Zinnen entspringenden Rienz be- und entwässert. Bis heute bildet der See mit seiner Umgebung eines der wenigen Feuchtgebiete, die es noch in den Alpen gibt. Der Toblacher See ist deshalb auch bei Vogelfreunden beliebt: Im Frühjahr und Herbst können hier seltene Zugvögel beobachtet werden.

Der malerische Pragser Wildsee im Naturpark Fanes-Sennes

Blühende Frühlingswiesen im Hochpustertal

Ein **Naturlehrpfad** lädt zu einer 4,5 Kilometer langen Wanderung rund um den See. In knapp zwei Stunden führt er an elf verschiedenen Infotafeln vorbei, die über die Flora und Fauna des geschützten Gebietes informieren. Im Sommer vermietet ein Bootsverleih Ruderboote. Im Winter sind auf dem gefrorenen See Curling und Eislaufen angesagt. Auch die Haupt-Langlaufloipe des Hochpustertals verläuft rund um den Toblacher See.

AM DÜRRENSEE

Zum Plantschen und Baden in den Sommermonaten lädt der Dürrensee, der kleinste, aber zugleich auch der wärmste der drei Hochpustertaler Seen und einer der höchstgelegenen Badeseen Europas, ein. Der Lago di Landro, wie er auf Italienisch genannt wird, liegt einige Kilometer weiter Richtung Süden im Höhlensteintal auf etwa 1400 Metern Meereshöhe.
An warmen Sommertagen trifft man am türkisfarbenen, seichten See gerne Familien mit Kindern bei ungetrübtem Badespaß. Der See hat nur wenige wasserarme und kleine Zuflüsse und auch keinen Abfluss und ist somit, im Verhältnis zu den anderen Bergseen, bedeutend wärmer. Ein feiner Kieselstrand befindet sich am Nordufer des Sees.

Der Dürren- oder Landrosee mit Blick über das Höhlensteintal nach Toblach

Hier an der Grenze zwischen dem **Naturpark Drei Zinnen** und dem **Naturpark Fanes-Sennes-Prags** hat man einen herrlichen Blick auf die Cristallo-Gruppe und den Monte Piana. Kurz vor dem Dürrensee trifft man auf den bekannten Drei-Zinnen-Blick, der von der Straße aus ein einzigartiges Panorama zu den weltberühmten Drei Zinnen bietet.

IM HOCHPUSTERTAL

Das Hochpustertal im östlichsten Teil Südtirols umschließt die Gemeinden **Toblach, Niederdorf, Innichen, Prags** und **Sexten**. Die Natur hat die Gegend außerordentlich reich ausgestattet: In den Naturparks Fanes-Sennes-Prags und Sextner Dolomiten liegen neben den drei Hochpustertaler Wildseen mit den Drei Zinnen auch die schönsten Berggipfel der Dolomiten. Diese Naturschätze zählen nicht nur zu den schönsten Südtirols und des gesamten Alpenraums, sondern auch zum UNESCO-Weltnaturerbe der Dolomiten.

Im Winter bietet das **Skigebiet Drei Zinnen Dolomiten** 115 bestens präparierte Pistenkilometer, einladende Skihütten und moderne Aufstiegsanlagen. Langläufer und Schneeschuhwanderer finden im Hochpustertal ebenfalls ausreichend Möglichkeiten, um ihrem Hobby nachzugehen.

Das ganze Jahr über finden im Hochpustertal verschiedene kulturelle, kulinarische oder sportliche Veranstaltungen statt. Gustav Mahler Musikwochen, Südtirol Festspiele, Internationales Chöretreffen, Dolomiti Balloonfestival, Schneeskulpturenfestival und vieles mehr ziehen Jahr für Jahr zahlreiche Besucher an.

5

IN DEN SOMMERMONATEN von 1908 bis 1910 hat der böhmische Komponist Gustav Mahler (1860–1911) seinen Sommerurlaub in Toblach verbracht. Das originalgetreu erhaltene Komponierhäuschen, in dem er einige seiner größten Werke erschaffen hat, befindet sich mitten in einem Wildpark in Altschluderbach in Toblach (gustavmahlerstube.com).

Tipp

Im Jahr 769 gründete der bayerische Herzog Tassilo III. das Benediktinerkloster zum hl. Candidus in Innichen. 1143 wurde dieses in ein Kollegiatsstift umgewandelt und man begann mit dem Bau einer neuen Kirche. Seine heutige Gestalt bekam der schönste romanische Sakralbau in den Ostalpen um 1280. In den Sommermonaten finden wöchentlich kunsthistorische Führungen statt (innichen.it).

◀ Gustav Mahler Gedenkstätte … ▲ … und sein Komponierhäuschen in Toblach ▼ Eingang zum beeindruckenden romanischen Dom in Innichen

AUF EINEN BLICK

Info

STADT/REGION: Hochpustertal
BESTE REISEZEIT: Ganzjährig
OPTIMALE REISEDAUER: 3 Tage
TOURISTINFO: Tourismusverband Hochpustertal, 39034 Toblach, Tel. +39/0474/913156, drei-zinnen.info

SEHENSWÜRDIGKEITEN

FREMDENVERKEHRSMUSEUM HOCHPUSTERTAL: Haus Wassermann, Hans-Wassermann-Straße 8, Niederdorf, Tel. +39/0474/745133, niederdorf.eu
GUSTAV MAHLER KOMPONIERHÄUSCHEN: Altschluderbach 3, Toblach, Tel. +39/0474/972347, info@gustavmahlerstube.com
DOM ZU INNICHEN: Attostraße 1, Innichen, Führungen: Tel. +39/348/7061648

CAMPING TOBLACHER SEE

ADRESSE: Fam. Panzenberger, Toblacher See 3, 39034 Toblach, Tel. +39/0474/973138, toblachersee.com
ANFAHRT: Brenner-Autobahn A22 bis Ausfahrt Brixen/Bressanone, Staatsstraße SS49 Pustertal/Val Pusteria Richtung Toblach, weiter Richtung Cortina, Ausfahrt Toblacher See.
GPS: 46.70660, 12.21846

◀ Ruderboote am Toblacher See ▶ Camping Toblacher See

Camping Olympia – ein Campingplatz für jede Jahreszeit!

Die Panoramalage am idyllischen Toblacher See zwischen den UNESCO-Naturparks Drei Zinnen und Fanes-Sennes-Prags machen den Camping Toblacher See zum ausgezeichneten Urlaubsquartier für alle Outdoor-Verliebten. 2 km entfernt vom Zentrum von Toblach ist der Campingplatz der ideale Ausgangspunkt zum Wandern, Mountainbiken und Klettern sowie für reichlich Wasser- oder Wintersportvergnügen.

CAMPING OLYMPIA

ADRESSE: Fam. Klettenhammer, Camping 1, 39034 Toblach, Tel. +39/0474/972147, camping-olympia.com

ANFAHRT: Brenner-Autobahn A22 bis Ausfahrt Brixen/Bressanone, Staatsstraße SS49 Pustertal/Val Pusteria Richtung Toblach, Ausfahrt Niederdorf.

GPS: 46.70660, 12.21846

Der 4-Sterne-Campingplatz hat ganzjährig geöffnet. Aus den ursprünglich sieben Campingplätzen haben sich 200 Stellplätze mit Strom- und TV-Anschluss und kleinere Zeltplätze entwickelt. Einige der Stellplätze verfügen zusätzlich über einen Gas- sowie Wasseranschluss. Der Campingplatz wartet mit zwei Restaurants, einem beheizten Schwimmbad, einem kleinen Wellnessparadies, einem Supermarkt, einem Spielplatz und einem Mini-Zoo auf. Wanderungen starten direkt ab dem Campingplatz in Toblach.

DREI ZINNEN

Im UNESCO-Welt-naturerbe der Dolomiten

Die türkisfarbenen Bödenseen auf der Rückseite der Dreizinnenhütte

6

Der bekannte Architekt Le Corbusier (1887–1965) beschrieb die Dolomiten als »die schönste natürliche Architektur der Welt«. Für den Südtiroler Extrembergsteiger Reinhold Messner sind sie »zwar nicht die höchsten, aber die schönsten Berge der Welt«. Mittendrin stehen als Höhepunkt die Drei Zinnen, das Wahrzeichen der Dolomiten mit ihrer speziellen Anziehungskraft.

Die Dolomiten bilden eine Gebirgsgruppe der südlichen Kalkalpen. Ihre charakteristischen und bizarren Formationen mit Zinnen und Türmen aus Kalk- oder Dolomitgestein werden nur von Bergseen, Almen und Wäldern unterbrochen. **Absolute Gegensätze** treffen hier aufeinander: imposante Felswände, hohe, spitze Türme, unüberwindbare Überhänge, zerklüftete Grate – und grüne Almwiesen. Die Vielfalt der Formen, Farben und Täler zieht nicht nur Alpinisten in ihren Bann.

Ihren Ursprung haben die Dolomiten in einem prähistorischen Tropenmeer. Vor rund 250 Millionen Jahren lag der heutige Alpenraum weiter südlich innerhalb des tropischen Klimagürtels der Erde. Geformt wurde das Aussehen des Dolomitengebirges dann nach der Eiszeit: Wasser, Wind und Eis wurden zu den Bildhauern der Landschaft.

Ein Urlaub in den Dolomiten verspricht sportliche Herausforderung, atemberaubende Ausblicke und genussvolle Momente. Im Sommer locken zahlreichen Kletterrouten und Wanderwege, im Winter Skipisten und Loipen. Wer es sportlich mag, kann in den Dolomiten die Vielfalt für sich entdecken: vom Paragliding über eine Skiabfahrt bis hin zu einer Wandertour. Wer sich im Urlaub der Kultur widmen will, kann das im UNESCO-Weltnaturerbe ebenfalls: Der über die Touristinfos erhältliche Kulturführer *Culturonda Dolomythos* führt zu kulturhistorischen, geologischen und sagenhaften Schauplätzen.

IM NATURPARKHAUS DREI ZINNEN im Kulturzentrum Grand Hotel in Toblach finden Sie Informationen über die Natur- und Kulturlandschaften des Naturparks, die Geologie der Sextner Dolomiten, die Kriegsereignisse an der Dolomitenfront, die Anfänge des Alpinismus und die touristische Entwicklungsgeschichte des Hochpustertals.

6

RUND UM DIE DREI ZINNEN

Das Gebiet im Naturpark Drei Zinnen, im nordöstlichen Teil der Dolomiten, ist für alle Bergfreunde ein wahres Eldorado: Wer einfache Wanderungen mit grandiosen Ausblicken ohne große Höhenunterschiede bevorzugt, kommt genauso auf seine Kosten wie Klettersteig-Liebhaber und Extrembergsteiger.

Die Drei Zinnen, das Wahrzeichen der Dolomiten, üben seit jeher eine spezielle Anziehungskraft aus und haben bis heute nichts von ihrem Zauber und ihrer Faszination verloren. Deshalb gehört eine Umrundung der Drei Zinnen für einigermaßen geübte Bergwanderer zum absoluten Muss. Startpunkt ist die Auronzohütte an der Südseite der Berggipfel auf 2320 Metern Meereshöhe. Auf dem Steig Nr. 101 geht es Richtung Lavaredohütte (2344 Meter) und dann weiter über einen schmalen Weg links hinauf zum Paternsattel (2454 Meter) – mit herrlichem Blick in die 500 Meter hohen Nordwände der Drei Zinnen. Weiter geht es leicht abwärts am Fuße des Paternkofels entlang zur Dreizinnenhütte (2405 Meter). Nach 1,5 Stunden Marsch ist es Zeit für eine Pause, ehe es auf dem Weg Nr. 105 weiter Richtung Lange Alm (2232 Meter) und entlang der Westseite der Drei Zinnen wieder zum Ausgangspunkt Auronzohütte zurückgeht. Knappe 2,5 bis drei Stunden Gehzeit müssen für den 9,5 Kilometer langen Panorama-Rundwanderweg eingeplant werden.

Tipp

Sowohl von Toblach über das Höhlensteintal als auch von Cortina d'Ampezzo aus ist der 1756 Meter hoch gelegene Misurinasee erreichbar. Aufgrund des klaren Wassers und der beeindruckenden Bergkulisse, die den See umgibt, wird dieser gerne als »Perle des Cadore« – das Cadore ist ein von den Dolomiten umrahmtes Tal – bezeichnet. Von hier aus startet die Panorama-Mautstraße zur Auronzohütte am Fuße der Drei Zinnen.

ABSTECHER NACH CORTINA D'AMPEZZO

Von Misurina aus ist es nicht weit bis nach Cortina d'Ampezzo. Die »Königin der Dolomiten« liegt auf 1224 Metern Höhe und ist das renommierteste Winter- und Bergsportzentrum Venetiens. Alpiner Lifestyle vereint sich hier mit Dolce Vita: Ob Skifahren, Wandern, Klettern oder Radeln – über

▲ Naturschauspiel Drei Zinnen ◀ Auronzohütte ▶ Dreizinnenhütte

allem liegt ein dekadenter Hauch von Genuss, Stil und Leichtigkeit. Zahlreiche Veranstaltungen, nationale und internationale Sportevents, eine lebhafte Atmosphäre im Zentrum, elegante Geschäfte und Boutiquen, renommierte Restaurants und herzliche Gastlichkeit machen Cortina zu einem der bekanntesten Urlaubsgebiete der südlichen Alpen.

Wer beim Wandern hoch hinaus möchte, dem bieten sich rund um Cortina d'Ampezzo gleich sechs Gipfel an, welche die 3000er-Marke überschreiten: Tofana di Mezzo, Tofana Terza, Tofana di Rozes, Cristallo, Sorapis und Croda Rossa d'Ampezzo. Mehr als 1000 klassische und moderne Routen, die zum Klettern inmitten der Dolomiten einladen, gibt es in Cortina d'Ampezzo. Zu den schönsten und bekanntesten Felswänden zählen die Südwand der Tofana di Rozes mit Routen verschiedenster Längen und Schwierigkeitsgrade sowie die berühmte Felsformation Cinque Torri. Wer es lieber bequemer hat, der kann auf Bergbahnen, die auch im Sommer in Betrieb sind, zurückgreifen, und von dort aus Einstiege in aussichtsreiche Höhenwege erreichen.

1956 war Cortina Austragungsort der Olympischen Winterspiele. 2021 fanden in Cortina die Ski-Weltmeisterschaften statt. 2026 ist Cortina gemeinsam mit Mailand erneut Austragungsort der Olympischen Winterspiele (dolomiti.org/de/cortina).

Der 1756 Meter hoch gelegene Misurinasee, die »Perle des Cadore«

WELLNESS IN LUFTIGER HÖHE: Die höchstgelegene finnische Sauna der Dolomiten liegt auf 2752 Metern Meereshöhe im Rifugio Lagazuoi oberhalb von Cortina d'Ampezzo. Ein einmaliges Erlebnis mit atemberaubendem 360-Grad-Panoramaausblick. (Kontakt: +39/0436/867303, rifugiolagazuoi.com).

DIE LEGENDE VOM EDELWEISS …

… frei nach den Volkssagen von Karl Felix Wolf: Als Gott die Erde erschuf, bedeckte er sie mit Blumen und Pflanzen. Er schuf Blumen in allen Farben und Düften, Pflanzen mit Früchten jeden Geschmacks und Kräuter mit fabelhaften Eigenschaften und verteilte sie über sein gesamtes Reich. Wiesen und Hügel wurden zu wunderbaren bunten Teppichen und zu üppigen Wäldern voller Leben.

Nur die hohen felsigen Gipfel der Alpen waren noch kahl und trostlos. Keine Blume konnte in so großer Höhenlage auf kalten Felsen wachsen. Deshalb waren die Berge sehr betrübt und baten den Himmel um Hilfe. In einer Vollmondnacht trafen die Engel die Sterne, die die Dunkelheit erhellten und streuten sie auf die Felsen und in die Felsspalten.

Die beglückten Berge hüllten das Geschenk der Engel zum Schutz vor Kälte in einen weichen Flaum ein und fügten hie und da Erdschollen hinzu, um es den zarten Wurzeln zu ermöglichen, sich festzusetzen. Der Mond sah vom Himmel aus das Funkeln der Sterne inmitten der Berge, war davon verzaubert und sendete den Blumen sein reines weißes Licht. Bei Sonnenaufgang blühten und erstrahlten die Berge endlich voller Freude: die ersten Edelweiße waren erschaffen.

AUF EINEN BLICK

Info

STADT/REGION: Hochpustertal, Naturpark Drei Zinnen
BESTE REISEZEIT: Mitte Juni bis Ende Oktober
OPTIMALE REISEDAUER: 2–3 Tage
TOURISTINFO: Tourismusverband Hochpustertal, 39034 Toblach, Tel. +39/0474/913156, drei-zinnen.info; Tourismusinformation Auronzo, 32041 Auronzo, Tel. +39/0435/400035, auronzomisurina.it; Auronzohütte, Tel. +39/0435/39002

SEHENSWÜRDIGKEITEN

NATURPARKHAUS DREI ZINNEN: Kulturzentrum Grand Hotel Toblach, Dolomitenstraße 37, Toblach, Tel. +39/0474/973017, naturparks.provinz.bz.it

WOHNMOBILSTELLPLATZ AURONZO-HÜTTE

ADRESSE: Via Monte Piana, 32040 Misurina, Tel. +39/0435/400116, comune.auronzo.bl.it
ANFAHRT: Brenner-Autobahn A22 bis Ausfahrt Brixen/Bressanone, Staatsstraße SS49 Pustertal/Val Pusteria Richtung Toblach, weiter Richtung Cortina und dann Abzweigung Misurina, kurz vor dem Misurinasee geht es über eine 7 km lange steile Mautstraße (von 7 bis 19 Uhr geöffnet, Camper & Fahrzeuge über 2,10 m zahlen 45 Euro) hinauf zum Parkplatz bei der Auronzohütte.
GPS: 46.61253, 12.29378

Gebührenpflichtiger Stellplatz für 40 Mobile, geschottert. Am Platz Frischwasser, Entsorgung Grauwasser, Entsorgung Chemie-WC. In den Mautgebühren ist die Stellplatzgebühr für eine Übernachtung (20 Euro) mit inbegriffen. Das mag zwar teuer sein – die Gebühr ist es aber wert. Das Feedback eines Gastes: »Im Prinzip ein Schotterplatz zum Parken mit sonst nichts! Aber die Möglichkeit, abends und morgens diese grandiose Aussicht, dieses Licht und die Ruhe dort oben zu genießen, entschädigt für alles und ist jeden Cent wert!«

KLAUSEN

In der Dürerstadt

Das Latzfonser Kreuz auf 2300 Meter, Pilgerstätte in den Sarntaler Alpen

7

Wie eine Burg thront das Kloster Säben auf einem steil abfallenden Felsplateau, 200 Meter hoch über der Dürerstadt Klausen. Der einstige Bischofssitz von Tirol zählt zu den ältesten Wallfahrtsorten des Landes. Klausen selbst gehört zu den schönsten historischen Städten Italiens.

Schon **Albrecht Dürer** machte während seiner ersten Italienreise im Jahr 1494 in Klausen halt. Von den Hängen des Tschanbergs über dem linken Eisackufer aus malte er sein bekanntes Porträt von Klausen, das ihm später als Hintergrund für seine berühmte allegorische Gestalt *Das große Glück* diente. Aber auch darüber hinaus prägte ein reges Künstlerleben die Vergangenheit der Dürerstadt Klausen.
Mittelalterliche Mauern und das romantische Flair einer kleinen Stadt mit ihren engen Gassen, den alten Stadthäusern und kunstvollen, schmiedeeisernen Wirtshausschildern verleihen Klausen – von der Ober- bis zur Unterstadt – noch heute eine besondere Atmosphäre.
Das malerische Städtchen zieht sich lang gestreckt zwischen dem Burgfelsen von Säben und dem Eisack hin. Am Kirchplatz und am Tinneplatz weitet sich die enge Stadtgasse. Einen Besuch lohnen die **Pfarrkirche zum hl. Andreas** und das Stadtmuseum. Das **Stadtmuseum** im ehemaligen Kapuzinerkloster ist der Klausner Künstlerkolonie und dem Loreto-Schatz gewidmet. Der Loreto-Schatz aus dem 16. und 17. Jahrhundert ist eine einmalige Sammlung von vornehmlich spanischen und italienischen Kunstwerken. Das Kloster geht nämlich auf eine Stiftung der spanischen Königin Maria Anna aus dem Jahr 1699 zurück. Der außerordentliche Schatz besteht aus kirchlichen Paramenten, religiösen Gegenständen, Bildern und weiteren Kunstwerken. Zu den Prunkstücken der Sammlung zählt der Feldaltar König Karls II.

Tipp

Geführte Kunst- und Kulturwanderungen auf den Spuren eines alten Durchzugslandes laden zum Entdecken und Erwandern von Klausen und seiner umliegenden Dörfer Barbian, Feldthurns und Villanders ein. Informationen und Anmeldungen für Gruppenführungen beim Tourismusverein Klausen (Marktplatz 1, 39043 Klausen, Tel. +39/0472/847424, klausen.it).

7

TÖRGGELEN IM EISACKTAL

Die kleinen **Bergdörfer Gufidaun, Latzfons, Pardell und Verdings** gehören ebenfalls zur Stadt Klausen. Im Herbst laden sie zum traditionellen Törggelen ein, das man am besten mit einem gemütlichen Familienausflug verbindet. In den holzgetäfelten Stuben der alten Bauernhöfe tischen die Bäuerinnen Eisacktaler Spezialitäten wie Schlutzkrapfen, Sauerkraut mit Hauswurst und Selchkarree, süße Krapfen und frisch gebratene Keschtn, also Kastanien, auf, während der Bauer den Nuin, den neuen Most und Wein, aus dem Keller holt.

DAS TÖRGGELEN gehört zu den beliebtesten kulinarischen Traditionen Südtirols. Wenn die Traubenernte vorbei ist und der neue Wein in den Kellern gärt, laden Gasthäuser, Bauernhöfe und Buschenschänken zum Verkosten und Genießen. Mehr unter suedtirol-toerggelen.com und roterhahn.it/de/baeuerliche-schankbetriebe/toerggelen-suedtirol.

◀ Mittelalterliche Gassen in der Klausner Altstadt ▲ Kreuzweg zur Akropolis von Tirol ▼ Kastanienbraten beim Südtiroler Törggelen

Arbeiten im idyllisch gelegenen Klostergarten von Säben in Klausen

AKROPOLIS TIROLS

Kloster Säben kann nicht übersehen werden, wenn man auf der Brenner-Autobahn im Eisacktal unterwegs ist. Von Klausen ausgehend gelangt man auf der **Säbener Promenade** in 45 Minuten hinauf zum Kloster. Alternativ auf dem alten **Kreuzweg**, der an der Burg Branzoll vorbeiführt, in einer halben Stunde. Die Gegend am Berg von Sabiona war schon in der Jungsteinzeit besiedelt. Auf den Resten einer spätromanischen Ansiedlung wurde ein frühchristliches Zentrum errichtet. Vom 6. bis 10. Jahrhundert war Säben erster Bischofssitz von Tirol. Dieser wurde um 960 nach Brixen verlegt. Säben blieb bischöfliche Wehrburg. 1685 kamen Chorfrauen aus dem Stift Nonnberg in Salzburg nach Säben, um die Gründung des Benediktinerinnenklosters zum Heiligen Kreuz vorzubereiten, welches 1699 zur Abtei erhoben wurde. Noch heute leben Klosterfrauen in strenger Klausur auf dem Heiligen Berg, widmen sich dem Chorgebet und der Arbeit, kümmern sich um Pilger und nehmen im Sommer Gäste auf.

Das Kloster selbst ist für Besucher nicht zugänglich, wohl aber die vier Kirchen und Kapellen. Die Marien- oder Gnadenkapelle wurde an der Stelle der ältesten Säbener Kirche errichtet und ist nach wie vor beliebtes Pilgerziel. Die barocke Liebfrauenkirche schließt sich direkt an die Marienkapelle an. Sie wurde um 1650 von den Klausener Bürgern als Dank für die Errettung von der Pest gestiftet. Die eigentliche Klosterkirche im barocken Stil wurde 1687 auf den Fundamenten der einstigen Burg errichtet. An der höchsten Stelle steht die Heiligkreuzkirche mit gut erhaltenen Fresken aus dem 17. Jahrhundert und einem Kruzifix aus dem 15. Jahrhundert. Im Fußboden ist das Grab des hl. Ingenuin eingesenkt.

◀ Schloss Feldthurns ▶ Törggelewanderung durch die Eisacktaler Weinberge

VON FELDTHURNS ZUM KLOSTER SÄBEN führt über den alten Keschtnweg eine lohnenswerte Wanderung durch die Eisacktaler Mittelgebirgslandschaft. Startpunkt ist das im 16. Jahrhundert erbaute Schloss Velthurns. Durch uralte Kastanienhaine und vorbei an historischen Bauernhöfen, dem Moar zu Viersch und der Häusergruppe Pardell geht es auf dem Weg Nr. 12 zum Kloster Säben.

DIE WEINE AUS DEM steilen Klausur-Klostergarten von Säben füllt die Eisacktaler Kellerei in Klausen ab: einen Sabiona Silvaner und einen Sabiona Kerner. Im Weinshop nahe der Autobahnausfahrt Klausen gibt es die gesamte Palette der frisch-fruchtigen Eisacktaler Weine zu kaufen (eisacktalerkellerei.it).

DIREKT AM EISACKTALER KESCHTNWEG gleich nach Feldthurns liegt der Radoarhof – Weingut, Brennerei, Buschenschank und Hofladen in einem. Im Herbst lockt der Duft von gebratenen Kastanien. Dazu gibt‘s Speck, Wurst, Käse, gebratene Kastanien, süße Nachspeisen wie Apfelstrudel sowie Weine, Säfte und Destillate (radoar.com).

AUF EINEN BLICK

Info

STADT/REGION: Klausen
BESTE REISEZEIT: Ganzjährig
OPTIMALE REISEDAUER: 2–3 Tage
TOURISTINFO: Infobüro Klausen, Marktplatz 1, 39043 Klausen, Tel. +39/0472/847424, klausen.it

SEHENSWÜRDIGKEITEN

STADTMUSEUM KLAUSEN: Kapuzinerkloster, Frag 1, Tel. +39/0472/846148, museumklausenchiusa.it
KLOSTER SÄBEN: Infobüro Klausen, Marktplatz 1, Tel. +39/0472/847424, klausen.it

CAMPING ANSITZ GAMP

ADRESSE:
Griesbruck 10,
39043 Klausen,
Tel. +39/0472/847425,
camping-gamp.com
ANFAHRT:
Brenner-Autobahn A22, Ausfahrt Klausen/Gröden, Richtung Klausen
GPS: 46.64136, 11.57311

Der Camping Ansitz Gamp befindet sich in Klausen auf der Strecke zwischen Brixen und Bozen entlang der Brennerroute. Eine ideale Übernachtungsmöglichkeit nicht nur für einen Urlaub, sondern auch für Wohnmobile auf der Durchreise nach Italien. Die Wohnmobilstellplätze sind mit Strom, Wasser- und SAT-TV-Anschluss sowie mit einer Entsorgungsstation ausgestattet und zu jeder Jahreszeit und bei jedem Wetter bestens befahrbar. Wer mehr Komfort bevorzugt und auch die Sanitäreinrichtungen benutzen möchte, der kann auf dem Campingplatz übernachten. Die Altstadt von Klausen liegt nur wenige Gehminuten vom Camping Ansitz Gamp entfernt.

SEISER ALM

Europas grösste Hochalm

Die Seiseralm, größte und wohl beeindruckendste Hochalm Europas

8

Die Seiser Alm und die umliegenden Dörfer Kastelruth, Seis, Völs am Schlern und Tiers am Rosengarten bieten unendlich viele Möglichkeiten, das ganze Jahr über in vollen Zügen zu genießen. Die bezaubernde Kulisse der Dolomiten kann hier mit all ihren Facetten und Reizen hautnah erlebt werden.

56 Quadratkilometer groß ist die größte und wohl auch beeindruckendste Hochalm Europas. Auf einer Höhe zwischen 1680 und 2350 Metern über dem Meeresspiegel erstreckt sich ein einzigartiges Naturparadies, das seinesgleichen sucht. Begrenzt wird die Seiser Alm im Südosten durch den Schlern mit der Santner- und Euringerspitze. Weiter östlich befinden sich die Gipfel der Rosengartengruppe und die Rosszähne. Ganz im Osten prägen Lang- und Plattkofel das Bild der Seiser Alm.
Im Sommer laden Wanderwege mit einer Gesamtlänge von 350 Kilometern zum Eintauchen in die Natur. Wandern, Klettern, Biken, Paragleiten, Reiten, Golfen, Schwimmen, Sonnen ... alles was das Herz begehrt, ist möglich. Im Winter finden die Wintersportler 35 Kilometer geräumte Wanderwege, bestens präparierte Pisten zum Skifahren sowie Loipen mit einer Gesamtlänge von 80 Kilometern zum Langlaufen. Die Alm und mit ihr der Naturpark Schlern-Rosengarten sind zudem für Skitouren, Winter- und Schneeschuhwanderungen ein echter Geheimtipp.

◀ Wegkreuz auf der Seiser Alm ▶ Badesee Völser Weiher

8

IN DER GOSTNER SCHWAIGE auf der Seiser Alm kocht Franz Mulser – er hat bei den Salzburger Kochbrüdern Obauer gelernt und auch im Team von Hans Haas im Münchner Tantris mitgearbeitet – mit viel Sinn für Qualität, Innovation und Tradition in einer kleinen, idyllischen Almhütte. Diese ist über den Fußweg Nr. 3 von der Seilbahnstation aus in einer halben Stunde zu erreichen (Tel. +39/347/8368154).

ZU DEN HEXENBÄNKEN AM PUFLATSCH

Ein Wahrzeichen der Seiser Alm sind die Hexenbänke an der Westseite des Puflatsch. Die gewaltigen Basaltsäulen aus Augitporphyr sehen wie versteinerte Sitze mit Rückenlehne aus, die sich im Volksglauben zu Hexenbänken gewandelt haben. Von hier aus fliegen die Hexen bei ihren nächtlichen Treffen auf den Schlern zu den **Versammlungen der Schlernhexen**.

Einst war der Platz wohl eine **Kultstätte zu Ehren eines Sonnengottes** – eine mystisch-sagenumwobene Atmosphäre ist ihm geblieben, dazu noch ein grandioser Ausblick auf das gesamte Schlerngebiet mit seinen beeindruckenden Berggipfeln. Einen Besuch sind die Hexenbänke allemal wert: Von Kompatsch (Seilbahn-Bergstation und Parkplatz) aus der Beschilderung »Berggasthof Puflatsch« folgend wandern wir am Hang nordwärts und vorbei an der Tschötsch-Alm hinauf zum Gasthof (knapp 45 Minuten) und folgen dann den Wegweisern »PU« (Puflatschumrundung) und »Hexenbänke« leicht ansteigend zum Puflatsch (2174 Meter, 1,5 Stunden). Wenige Schritte westwärts liegen die Hexenbänke.

◀ Kaiserschmarrn in der Gostner Schwaige ▶ Radtour mit Bergpanorama

Die Hexenbänke am Puflatsch sind ein Wahrzeichen der Seiser Alm.

PER BIKE AUF DIE SEISER ALM

Zum Mountainbiken im Reich der Bleichen Berge lädt auch die neue Bike-Region Gröden/Seiser Alm ein: in eine einmalige Naturkulisse, in der sich der Sport ausgezeichnet mit gemütlichen Almhütten und feinen Gourmetfreuden verbinden lässt. 30 bestens beschilderte Mountainbike-Routen in Höhenlagen zwischen 700 und 2450 Metern und mit unterschiedlichen Schwierigkeitsgraden sowie ein 1000 Kilometer langes Tourennetz in einem der weltschönsten Bergpanoramen stehen den Sportlern zur Verfügung – mit einer Reihe von neu konzipierten Strecken für alle Ansprüche. Auf der Seite mtb-dolomites.com finden sich Tourendaten und Roadbook, Höhenprofile, GPS-Daten sowie weitere interessante und nützliche Infos zu den einzelnen Routen im Bikeparadies Gröden/Seiser Alm.

BESUCH AUF SCHLOSS PRÖSELS

Castrum Presile, so wird die mittelalterliche Burg erstmals in einer Urkunde des Jahres 1279 erwähnt. Erbaut von den Herren von Völs, den Ministerialen der Bischöfe von Brixen, diente sie diesen viele Jahrhunderte als Stammschloss und Rückzugsort. Der bedeutendste Spross dieser Familie, Leonhard von Völs (1458–1530), viele Jahre lang Landeshauptmann an der Etsch und Burggraf von Tirol, erweiterte die Burg zu einer Schlossanlage, in der die Spätgotik mit der Renaissance um die Vorherrschaft streitet. Ausgestattet wurde die Anlage mit modernster Wehrtechnik und ganz nach dem Geschmack der Zeit Kaiser Maximilians I.

◀ »Auf do Alm do gibt's ka Sünd« ▶ St. Konstantin bei Völs

Nach dem Aussterben der Völser Adelsfamilie 1804 war das Schloss abwechselnd häufigem Besitzerwechsel, teilweisem Verfall und mehreren Restaurierungen preisgegeben. Nach dem Tod des letzten Besitzers im Jahr 1978 erwarb das Kuratorium Schloss Prösels, eine Genossenschaft, 1981 das Schloss, ließ es aufwendig renovieren und öffnete es dem Publikum für verschiedene Feiern, Ausstellungen und kulturelle Veranstaltungen. In den Sommermonaten kann das Schloss im Rahmen von Führungen besichtigt werden.

DIE KASTELRUTHER SPATZEN, die sieben Musiker, die seit vielen Jahren mit ihren Liedern und ihrer persönlichen Art Tausenden von Menschen viel Freude bereiten, sind besondere Botschafter für das Schlerngebiet. In Kastelruth, in der Dolomitenstraße 21, befindet sich der Spatzenladen mit Spatzenmuseum und Spatzen-Erlebniswelt (spatzenladen.it).

DIE GRÖSSTE KRIPPE DER WELT, geschnitzt von einer 18-köpfigen Bildhauergruppe aus St. Christina, ist seit 2000 im Sport Center Iman von St. Christina im Grödnertal ausgestellt. Mit viel Kreativität und Einfühlungsvermögen, Kunstsinn und Handfertigkeit ist das Kunstwerk entstanden. Und in jedem Jahr wächst die Krippenfamilie weiter.

AUF EINEN BLICK

Info

STADT/REGION: Seiser Alm
BESTE REISEZEIT: Ganzjährig
OPTIMALE REISEDAUER: 2–3 Tage
TOURISTINFO: Tourismusverband Seiser Alm, Dorfstraße 15, 39050 Völs am Schlern, Tel. +39/0471/709600, seiseralm.it

SEHENSWÜRDIGKEITEN

GRÖSSTE KRIPPE DER WELT: Straße Dursan, Center Iman, St. Christina Gröden, Tel. +39/339/1792227
SCHLOSS PRÖSELS: Prösler Straße 2, Völs am Schlern, Tel. +39/0471/601062, schloss-proesels.seiseralm.it

CAMPING SEISER ALM

ADRESSE: Dolomitenweg 10, 39050 Völs am Schlern, Tel. +39/0471/706459, camping-seiseralm.com
ANFAHRT: Brenner-Autobahn A22 Ausfahrt Bozen Nord, links abbiegen in Richtung Blumau. In Blumau im Tunnel links halten und Richtung Völs am Schlern fahren (ca. 7 km). 3,5 km nach Völs am Schlern geht es links ab zum Camping Seiser Alm.
GPS: 46.53285, 11.53277

Ein 4-Sterne-Camping inmitten der malerischen Naturlandschaft des Naturparks Schlern Rosengarten mit Komfortstellplätzen für Caravans und Wohnmobile in verschiedenen Größen, mit Anschluss von Zu- und Abwasser, TV, Gas und Strom. Gaumenfreuden und Genuss bietet das Abendrestaurant Zur Quelle. In der Nähe des Campings liegen der Naturbadesee Völser Weiher, ein Golfplatz und das Wander- und Skikarussell der Seiser Alm. Alle Attraktionen sind unmittelbar auch ohne Auto zu erreichen.

BLETTERBACH CANYON, ALDEIN

Jahrmillionen der Erdgeschichte

Die Berggemeinde Aldein liegt auf dem Hochplateau des Regglbergs.

9

Zu einer Zeitreise ins Erdaltertum lädt der Geoparc Bletterbach in Aldein. 16 Informationstafeln erklären dem Wanderer in diesem einzigartigen Canyon die verschiedenen Gesteinsschichten, die sich vor 280 Millionen Jahren in der Perm- und Trias-Zeit gebildet haben und dann vom Bletterbach wieder freigelegt worden sind.

Der Bletterbach Canyon ist das Ergebnis von Verwitterung und Abtragung. Seit der Eiszeit, vor etwa 15 000 Jahren, hat sich der Wildbach auf einer Strecke von acht Kilometern bis zu 400 Meter tief in unterschiedliche Erdzeitalter eingegraben. Schicht um Schicht wurde freigelegt. Zehn Milliarden Tonnen Gestein wurden abgetragen und ins Etschtal verfrachtet. In diesen Schichten kann im Besucherzentrum Geoparc nun geblättert werden wie in einem Buch. Der Aufbau der Gesteine in der Schlucht gibt Hinweise auf die Entstehung, das Klima und die Umweltbedingungen vor etwa 250 Millionen Jahren. Saurierspuren, gut erhaltene Abdrücke von Pflanzenteilen, Muscheln, Schnecken und Kopffüßler berichten vom Leben in längst vergangenen Zeiten.

BESUCHERZENTRUM GEOPARC

Das Besucherzentrum Geoparc oberhalb von Aldein zeigt, wie es zur Entstehung der Gesteine in der Bletterbachschlucht gekommen ist. Es beherbergt fossile Funde aus der Schlucht, versteinerte Fische, Muscheln und Pflanzen. Zudem gibt es dort alle nötigen Informationen für einen spannenden, erlebnis- und lehrreichen Tag im Geoparc. Ausgangspunkt für den Geo-Weg ist das Besucherzentrum. Der Weg Nr. 3 führt zur Schlucht, dann bachaufwärts zum Butterloch-Wasserfall und über Leitern zur Aussichtsplattform. Von dort geht es weiter zur Lahner Alm (Einkehrmöglichkeit) und über den Waldlehrpfad wieder zurück zum Ausgangspunkt. Eine Wanderung mit ausgebildeten Führern bietet unvergessliche Naturerlebnisse und eröffnet neue Blickwinkel. Helme (Verleih im Besucherzentrum), Bergschuhe und Wanderbekleidung sind unbedingt erforderlich. Unter dem Motto »Bletterbach for Kids« bietet das Besucherzentrum spannende Programme für Kinder: etwa zum Thema Geheimnisse der Natur oder zur faszinierenden Welt der Sagen und Legenden. Besucherzentrum, GEOMuseum und Bletterbachschlucht sind im Winter geschlossen.

9

BEIM VOLTRUIER KAFFEE, einer Spezialität aus dem Bergdorf Altrei, handelt es sich im eigentlichen Sinn nicht um einen Kaffee. Die Samen der in Altrei beheimateten Lupinenart aber liefern seit Menschengedenken einen für alle erschwinglichen Kaffeeersatz. Im Gasthaus Kürbishof in Guggal 23 in Altrei wird neben typischen örtlichen Spezialitäten auch Altreier Kaffee serviert (kuerbishof.it).

ALDEIN UND SEINE MÜHLEN

Die kleine Berggemeinde Aldein liegt auf einer Meereshöhe von 1200 bis 1500 Metern auf dem Hochplateau des Regglberges. Die Ortschaften **Aldein, Radein und Holen** sind in eine zauberhafte Wald- und Wiesenlandschaft eingebettet. 150 Kilometer gut markierte Wanderwege führen von Aldein zu den Füßen des Schwarz- und Weißhorns in die unberührte Natur. In der kalten Jahreszeit sorgt das kleine Familienskigebiet Jochgrimm für Schneevergnügen, Skifahren und Snowboarden ohne Stress und Hektik! Neben dem Bletterbach Canyon und einem kleinen Dorfmuseum lädt das bekannte **Mühlenmuseum Aldein** zum Besuch. Bis zum Bau der neuen Straße 1958/59 war Aldein nur auf einem gefährlichen Karrenweg mit Fuhrwerken zu erreichen. Das Bergdorf lag weit abgelegen und die Bauern mussten sich selbst versorgen. Der Getreideanbau war ihre wichtigste Lebensgrundlage. An diese Zeit erinnert noch heute die Vielzahl an Mühlen entlang des Thal-Bachs – im Grundbuchanlegungsakt von 1911 sind ganze 42 Mühlen verzeichnet.

Köstliche Schlutzkrapfen im Traditionsgasthaus Krone in Aldein

Herbstliche Gewitterwolken auf dem weit auslaufenden Unterlandler Regglberg

Nach dem Straßenbau fand ein Großteil der Bevölkerung auswärts Arbeit und die Bauern blieben auf ihren Höfen allein. Der arbeitsintensive Getreideanbau lohnte sich nicht mehr und die Mühlen verfielen. Um dieses bäuerliche Kulturgut vor dem Vergessen zu retten, beschloss der Museumsverein, Mühlen und Stampfen entlang des Thal-Bachs wieder zu aktivieren. Führungen laden heute zum Besuch im Mühlenensemble. Dauer mindestens 1,5 Stunden. Ein bequemer Fußmarsch von 40 Minuten hin und retour ist einzuplanen.

AUFS ALDEINER WEISSHORN

Weißhorn (2317 Meter) und Schwarzhorn (2439 Meter), die zwei ungleichen Zwillinge, rahmen das Gebiet von Jochgrimm oberhalb von Radein ein. Das Weißhorn besteht aus hellem Gestein, der Gipfel aus weißem Sarldolomit. Das Gestein des benachbarten Schwarzhorn besteht hingegen aus rötlich-grauem Bozner Quarzporphyr.

Das Weißhorn ist leicht ersteigbar und ein lohnenswerter Aussichtsberg. Die beliebteste Tour beginnt am Jochgrimm und führt über Wiesen und durch Latschenfelder hinauf zum Gipfelkreuz auf 2313 Metern. Der höchste Punkt des Weißhorns befindet sich jedoch auf 2317 Metern. Von hier aus genießt man einen herrlichen Rundblick auf die umliegenden Berge und Täler: von der Ortlergruppe über die Ötztaler Alpen, vom Schlern und Rosengarten bis zur Brentagruppe sowie über das ganze Südtiroler Überetsch.

Votivtafeln in der Wallfahrtskirche Maria Weißenstein in Petersberg

Tipp

Der 18-Loch Golfplatz des Golf Club Petersberg ist von Mitte April bis Mitte November geöffnet. Er hat sich zum Ziel gesetzt, der angenehmste und freundlichste Golf Club in Südtirol zu werden und allen die Möglichkeit zu bieten, in einer ruhigen und wunderschönen Naturlandschaft und einem tollen Clubhaus etwas Freizeit zu verbringen (Petersberg, Unterwinkl 5, 39050 Deutschnofen, Tel +39/0471/615 122, golfclubpetersberg.it).

DAS WEINGUT FRANZ HAAS liegt auf dem Weg von Auer/Neumarkt hinauf nach Montan und Aldein. Im Jahr 1880 wurde das Fundament des heutigen Vorzeigebetriebs gelegt, der seit sieben Generationen jeweils in die Hände des erstgeborenen Sohnes, immer ein Franz, übergeben wird. Mit großer Aufmerksamkeit wird im Weingut die Vielfalt der Südtiroler Rebsorten gepflegt (Villnerstraße 6, 39040 Montan, Tel. +39/0471/812280, franz-haas.it).

Tipp

Maria Weißenstein, der größte Wallfahrtsort Südtirols, liegt inmitten grüner Wiesen und dunkler Fichtenwälder auf 1520 Metern Meereshöhe. Die Geschichte des Wallfahrtsorts beginnt 1553 mit der Auffindung des Gnadenbilds, einer Pietà aus Alabaster, durch den Bauern Leonhard Weißensteiner. Mit dem Bau der Wallfahrtskirche wurde 1638 begonnen (weissenstein.it).

Maria Weißenstein, der größte und bedeutendste Wallfahrtsort Südtirols

AUF EINEN BLICK

Info

STADT/REGION: Aldein, Südtirols Süden
BESTE REISEZEIT: Mai bis Oktober
OPTIMALE REISEDAUER: 2–3 Tage
TOURISTINFO: Aldein-Radein-Jochgrimm, Dorf 34, 39040 Aldein, Tel. +39/0471/886800, suedtirols-sueden.info

SEHENSWÜRDIGKEITEN

GEOMUSEUM: Besucherzentrum Geoparc Bletterbach, Lerch 40, Aldein, Tel. +39/0471/886946, museum-aldein.com
MÜHLENMUSEUM ALDEIN: Anmeldungen für Führungen bei Magda Ploner, Tel. +39/0471/886832, museum-aldein.com
WALLFAHRTSKIRCHE MARIA WEISSENSTEIN: Weißenstein 9, Petersberg, Tel. +39/0471/615165

STELLPLATZ MARIA WEISSENSTEIN

ADRESSE: 38036 Weißenstein/Pietralba, Tel. +39/0471/616567, weissenstein.it
ANFAHRT: Brenner-Autobahn A22 bis zur Ausfahrt Neumarkt/Auer, SP 48 Richtung Cavalese, nach knapp 12 km links abbiegen, SP 72 Richtung Aldein und Deutschnofen, dort weiter auf SP 152 nach Weißenstein.
GPS: 46.39181, 11.41305

◀ Bletterbachschlucht: mit … ▶ … und ohne Salamander

Campingplatz Markushof: ideal für Rad- und Wanderfreunde

Gebührenfreier Stellplatz für 30 Mobile gleich unter der Wallfahrtskirche von Weißenstein – mit teilweise unebenem, befestigtem und geschottertem Untergrund. Das Urteil eines Besuchers: »Alle paar Jahre kommen wir hierher und sind immer wieder von der Gegend begeistert. Ja, es ist nur ein Parkplatz, Aber was soll's ... Wandern, Berge schauen und die Seele baumeln lassen.« Ganzjährig nutzbar.

CAMPING HOTEL MARKUSHOF

ADRESSE: Truidn 1, 39040 Auer, Tel. +39704717810025

ANFAHRT: Auf der Brenner-Autobahn A22 bis zur Ausfahrt Neumarkt/Auer. Von dort den Schildern nach Auer folgen. Der Campingplatz liegt im Dorfzentrum von Auer.

GPS: 46.34840, 11.30035

Der Campingplatz Markushof richtet sich vor allem an die Zielgruppe 50plus-Urlauber und ist ideal für Ruhesuchende und all jene, die ihren Urlaub gerne aktiv verbringen möchten. Insbesondere Rad- und Wanderfreunde kommen auf ihre Kosten. Aber auch für Kulturinteressierte gibt es reichlich Gelegenheit, die Eigenheiten der Region zu entdecken. Mit Bus und Bahn gelangt man zu den besten Ausgangspunkten für Ausflüge jeglicher Art. Angrenzend an den Campingbereich befindet sich das solarbeheizte Schwimmbad.

SÜDTIROLS SÜDEN

Historische Burgschänke und mediterrane Arkaden

Zypressen, Weinberge und Olivenbäume prägen die Landschaft

10

Südtirols Süden ist das ganze Jahr hindurch ein Urlaubserlebnis, das alle Sinne anspricht: von blühenden Obstgärten und Almwiesen, Badeseen und Weinbergen bis hin zu historischen Burgschänken, alten Lauben und mediterranen Arkaden. Hier verschmelzen die Gegensätze zu einem erlebnisreichen 360-Grad-Urlaub.

Schloss Salurn, später als Haderburg bekannt, wurde von den Grafen von Salurn in der ersten Hälfte des 13. Jahrhunderts auf dem steil aufragenden Kalkfelsen an der deutsch-italienischen Sprachgrenze Tirols erbaut. Bald darauf ging das Schloss an die Grafen von Tirol über, im 14. Jahrhundert nahmen es die Habsburger in Besitz. Um 1514 wurde der Bau erweitert. Aber bereits einige Jahrzehnte später verlor die Haderburg ihre strategische Bedeutung und wurde dem Verfall überlassen. Seit 1648 gehört die Burg der venezianischen Grafen-Familie Zenobio-Albrizzi, welche sie konsolidieren und sanieren ließ. Seit 2003 ist die Haderburg wieder für das Publikum geöffnet, Austragungsort kultureller Veranstaltungen und Sitz einer urigen Burgschänke.
Knapp 20 Minuten dauert der Aufstieg zur Burg über den sogenannten **Weg der Visionen**. Dieser lädt dazu ein, kurz innezuhalten und sich darauf zu besinnen, was Natur und Mensch alles schaffen können. Ein besonderer Anziehungspunkt ist die **Burgschänke Zum 18. Fass**. Der zentrale Burghof mit seinen markanten Zinnen ist mit rustikalen Ritterbänken und einer mittelalterlichen Räucherküche ausgestattet. Das mittelalterliche Festmahl ist eröffnet, sobald das regionale Haderburgbrettl mit Speck und Käse, die würzigen Spareribs oder schmackhaften Schlutzer über die Tafel gehen. Dazu gibt es Frischgezapftes vom Fass – die Auswahl bei über 20 Biersorten ist groß! Auf der Haderburg ist das ganze Jahr über etwas los! Das Programm reicht vom Open-Air-Event mit Livemusik über handwerkliche Kurse bis hin zum großen Mittelalterfest im Sommer (zum18tenfass.it). Salurn liegt an der Salurner Klause, einer Verengung des Etschtales. Das südlichste Dorf Südtirols hat 3500 Einwohner und liegt zwischen 224 und 1328 Metern Meereshöhe. Mit prächtigen alten Ansitzen inmitten von Wein- und Obstgärten beeindruckt die Ortschaft mit ihrer besonderen Mischung aus Südtiroler Bodenständigkeit und mediterraner Leichtigkeit.

10

DAS WEINGUT TIEFENBRUNNER IN ENTIKLAR ist seit 1675 in Familienbesitz und seit 1848 eine Kellerei. Ein einladendes Bistro bietet Sitzplätze in alten Zirbenstuben und im beschaulichen Innenhof des Ansitzes. Führungen durch den einzigartigen Schlosspark ermöglichen eine besondere Zeitreise in eine Märchenlandschaft aus Bergen, Grotten, Seen und Inseln, beseelt durch Menschen- und Tierfiguren aus der griechischen Mythologie und der Bibel (tiefenbrunner.com).

DER FENNBERGER SEE liegt auf 1043 Metern in Unterfennberg, einem Teil der Gemeinde Margreid. Trotz der Höhenlage findet man hier eine Flora und Fauna vor, die jener des Gardasees ähnelt. Auf das Hochplateau führt von Kurtatsch aus eine kurvenreiche Straße. Eine Wanderung mit einem Höhenunterschied von 850 Metern bringt Sie ebenfalls nach Fennberg. Sie starten in Kurtatsch und gehen über den Grubenweg und den Weg Nr. 7 nach Penon, von dort über den Römerweg Nr. 2 nach Fennhals (Jausenstation) bis nach Oberfennberg und zum Fenner See (suedtiroler-unterland.it).

Die Haderburg wurde im 13. Jahrhundert an der Südgrenze Tirols erbaut.

Der Ortskern von Neumarkt mit seinen malerischen mittelalterlichen Lauben

LAUBENGÄNGE VON NEUMARKT

Verschlafen und verträumt, dafür aber umso idyllischer wirkt der alte Ortskern von **Neumarkt** mit seinen malerischen mittelalterlichen Lauben. Längst vergangen sind die Zeiten, als der Ort aufgrund seiner zentralen Lage an den Handelsstraßen zwischen Nord und Süd und insbesondere durch die Etsch-Schifffahrt noch große wirtschaftliche und kulturelle Bedeutung hatte. Ein Hauch von Geschichte und Mittelalter sind hängengeblieben. Die Lauben im Ortskern wurden zwischen 1300 und 1600 erbaut. Stattliche Häuser mit stimmungsvollen Innenhöfen und herrschaftliche Ansitze prägen das Bild. Zur Tradition gehört das traditionelle Laubenfest Ende August.

CASTELFEDER, DAS ARKADIEN TIROLS

Als einzigartiges, mystisch anmutendes Landschaftsbild mit wechselvoller Siedlungsgeschichte präsentiert sich die hügelige Felsenkuppe **zwischen Neumarkt und Auer**. Allein schon die karge Vegetation des heutigen Schutzgebietes unterscheidet sich radikal von der Umgebung. Der Naturerlebnisweg Biotop Castelfeder führt durch mediterrane Flora, Steppenrasen, Strauchwerk, Buschwald, Weiher und Moore. Prähistorische, römische und frühmittelalterliche Siedlungsreste prägen die Bedeutung von Südtirols Arkadien, darunter Urnengräber mit Grabbeigaben aus dem 2. Jahrtausend v. Chr. oder die weithin sichtbare Ruine der Barbarakapelle aus dem 6. Jahrhundert (castelfeder.info).

Wanderung in einzigartiger Landschaft: Naturerlebnisweg Biotop Castelfeder

DER KURTATSCHER WEINLEHRPFAD ist ein Geheimtipp für alle Natur- und Weinliebhaber. Die rund zwei Kilometer lange Wanderung durch die geschlossene Reblandschaft informiert über die Entwicklungen im Weinbaujahr, Rebsorten und Weinbereitung. Die Saltner Pratze, eine Hand aus Holz, führt den Besucher vom Ortszentrum von Kurtatsch ausgehend. Weinbäuerin Margareth Benin Orian organisiert jeden Mittwoch eine besondere Duft- und Genusswanderung (suedtiroler-unterland.it).

KULTUR UND GESCHICHTE IN TRAMIN

Das charmant-liebenswerte Weindorf Tramin liegt auf 276 Metern Meereshöhe im Südtiroler Unterland. Weinberge soweit das Auge reicht, urige Weinkeller, gepflegte Restaurants, Kellereien und Brennereien, eine lange Weinbautradition und moderne Landwirtschaft prägen das Ortsbild.
Tramin ist aber auch ein Ort voller Kultur und Geschichte. Das **Hoamet-Tramin Museum** mit dem Schwerpunkt »Leben an der Grenze« zeigt auf, dass sich die Traminer eine wohlbestellte Heimat geschaffen haben, gerade weil sie im Grenzbereich dreier Kulturen leben, die alle ihre Spuren hinterlassen haben.
Das berühmteste Kunstwerk Tramins steht auf dem Hügel Kastelaz über dem Dorf: Die kleine **St.-Jakobs-Kirche** besitzt einen gut erhaltenen romanischen Freskenzyklus aus der Zeit um 1220. Was man sonst eher als steinerne Plastiken kennt, ist hier als farbiges Gemälde zu bewundern: Seltsame Mischwesen aus Mensch und Tier bevölkern die Wand des Altarraums. Miteinander kämpfende Fisch- und Vogelmenschen, ein Kentaur, ein Hundsköpfiger, ein Schattenfüßler und andere der mittelalterlichen Fantasie entsprungene Wesen verkörpern offensichtlich den sündigen

Gegensatz zur darüber befindlichen würdevollen Apostelreihe und Christus in der Mandorla. Beachtung verdienen aber auch die laut Inschrift 1441 fertiggestellten Malereien von Ambrosius Gander im südlichen Anbau, wo unter anderem die bekannte Pilgerlegende in qualitätsvollen bunten Bildern erzählt wird.

Urwüchsig, ausgelassen und einzigartig, unmittelbar und wild – der Egetmann-Umzug in Tramin zählt zu den ältesten Tiroler Faschingsbräuchen. Das laute Faschingstreiben ist aber mehr als ein wertvolles Tiroler Geschichts- und Kulturgut: Es ist lebendiger Ausdruck der Traminer Eigenart und Lebensfreude. Zieht der Egetmann Hansl mit seinem Gefolge am Faschingsdienstag durch Tramin, dann ist feuchtfröhliches Vergnügen garantiert. Knapp 800 ausschließlich männliche Traminer gestalten mit viel Einsatz die fantasievollen Umzugswagen sowie das Rahmenprogramm und beteiligen sich mit Leidenschaft an diesem lauten, fröhlichen Treiben (tramin.com).

DAS RESTAURANT ALTE POST ist ein Kleinod im historischen Ortskern von Tramin. Arno und Doris Baldo stehen für gutes Essen, guten Wein und die schönen Dinge des Lebens. Sie servieren eine leichte mediterrane Küche sowie innovativ verfeinerte, regionale Südtiroler Köstlichkeiten (alte-post-tramin.com).

Castelfeder, das hügelige Arkadien Tirols zwischen Neumarkt und Auer

Blick von der Haderburg auf Salurn, das südlichste Dorf Südtirols

WO DER GEWÜRZTRAMINER ZUHAUSE IST

Tramin hat bei der Namensgebung Pate gestanden. Und die Traminer lassen sich bis zum Gegenbeweis ihren geliebten Gewürztraminer nicht nehmen. Die **Rebsorte ist seit jeher Teil der lokalen Kultur**. Nachweislich wurde der Gewürztraminer in der Gegend bereits vor über tausend Jahren angebaut. Hier hat die mittlerweile auf der ganzen Welt berühmte und beliebte Traube ihr perfektes Zuhause gefunden.

570 Hektar sind in Südtirol mit Gewürztraminer-Rebstöcken bepflanzt. Je nach Boden, Klima, Lage und der Kunst der Kellermeister variiert der Wein in seinem Stil, in Geruch und Geschmack von mild-trocken bis lieblich, von frisch-leicht mit zarten Rosendüften bis hin zu voll und üppig. Aufgrund seines ausgeprägten Charakters ist der Gewürztraminer sicher kein Wein für den Alltagsgebrauch. Seine ansprechende Aromatik und seine ausgeprägte Individualität machen ihn zu einem Wein für Liebhaber und Kenner.

DIE KELLEREI TRAMIN hat sich wohl zur authentischsten Botschafterin des Gewürztraminers entwickelt. Der im Januar 2010 abgeschlossene moderne Umbau ist von der Rebe und ihrer Morphologie inspiriert. Das Design der neuen Kellerei fügt sich perfekt in die Schönheit der Landschaft ein (cantinatramin.it).

AUF EINEN BLICK

STADT/REGION: Südtirols Süden
BESTE REISEZEIT: März bis Oktober
OPTIMALE REISEDAUER: 2–3 Tage
TOURISTINFO: Südtirol Information, Südtiroler Straße 60, 39100 Bozen, Tel. +39/0471/999999, suedtirols-sueden.info

SEHENSWÜRDIGKEITEN

HADERBURG SALURN: Trientstraße 53/C, Salurn, Führungen oder Besichtigungen auf Voranmeldung, Tel. +39/334/7775843
HOAMET-TRAMIN MUSEUM: Rathausplatz 9, Tramin, Tel. +39/328/5603645, hoamet-tramin-museum.com
ST. JAKOB IN KASTELAZ: Tramin, Führungen unter Tel. +39/0471/860190

CAMPING OBSTGARTEN

ADRESSE: Breitbach 9, 39040 Kurtatsch an der Weinstraße, Tel. +39/0471/880709, camping-obstgarten.it
ANFAHRT: Brenner-Autobahn A22, Ausfahrt Auer/Neumarkt, 7 km bis Kurtatsch.
GPS: 46.30433, 11.22292

Der familiengeführte Camping Obstgarten liegt in Kurtatsch im Süden Südtirols, eingebettet in sattgrüne Obstwiesen und Weinberge. Er bietet 25 gekieste und gepflegte Stellplätze mit Wasser-, Abwasseranschluss und Strom, einen großzügig angelegten Naturbadeteich, komfortable Sanitärräume, einen Kiosk, einen Kräutergarten für die Gäste sowie Brötchen- und Zeitungsservice. Die Bushaltestelle befindet sich am Campingplatzeingang.

Per Rad gemütlich durch Salurn

KALTERN

Bekanntestes Südtiroler Weindorf

Das spätgotische Kirchlein St. Vigil in Altenburg bei Kaltern

11

Kaltern zählt zu den bekanntesten und schönsten Urlaubsorten Südtirols. Dazu hat nicht nur der Kalterer See, der wärmste Badesee der Alpen, mit seinen vielen Freizeitmöglichkeiten beigetragen. Das Dorf mit seinem lebendigen Marktplatz und die vom Wein geprägte Kulturlandschaft geben das Ihrige dazu.

In Kaltern dreht sich alles um die Rebe und den Wein. Seit Jahrhunderten ist das Leben hier vom Wein und seinem Anbau geprägt. Herrschaftliche Ansitze, alte Keller und traditionsreiche Winzerfamilien zeugen von einer lebendigen Weinkultur.

Kaltern und der Wein gehören zusammen wie Kaltern und sein See. Und beim Wein ist es wie beim Fremdenverkehr: Direkt oder indirekt lebt das ganze Dorf davon. Was das Landschaftsbild so stark prägt, spielt auch eine entscheidende wirtschaftliche Rolle im bekanntesten und beliebtesten Weindorf Südtirols.

Das **Projekt wein.kaltern** hat das gesamte Weindorf mobilisiert und in den letzten Jahren entscheidend mitgeprägt. wein.kaltern versteht sich als Qualitätsoffensive für den Wein, insbesondere den **Kalterersee Wein**. Zu Beginn der Offensive im Jahr 1999 stand deshalb ein Gedanke im Mittelpunkt: dem Kalterersee Wein, über Jahrzehnte hinweg einer der beliebtesten Rotweine des Landes, wieder neue Qualität und ein zeitgemäßes Image zu geben.

Die Presse ist mittlerweile voll des Lobs für den Kalterer: »Zu viele Weintrinker lassen sich von der relativ hellen Farbe, dem eher schlanken Körper sowie der Tannin- und Säurearmut des Kalterersee dazu verleiten, ihn als einfachen Durstlöscher abzutun. Wer jedoch einen zweiten, genaueren Blick wagt, dem eröffnet sich eine weitere Dimension: Gute Kalterer sind oft tiefer und komplexer als so mancher deutlich teurere Prestigewein aus dem Barrique. Ein typischer Kalterersee malt das Bild seiner Herkunft in feinen Pinselstrichen, er erzählt keine Geschichte von übertriebenem Ehrgeiz und großer Show, sondern eine von Fingerspitzengefühl, Leidenschaft und – nicht zuletzt – Lebenslust. Denn trotz seiner Komplexität und Finesse lädt auch der beste Kalterersee nicht nur zum Philosophieren, sondern eben auch zum unbeschwerten Zechen ein. Das machen ihm nicht viele Weine nach.«

11

Erstklassige Kalterersee Weine sind das Ziel der neuen Kalterersee Charta. Seit dem Jahrgang 2010 überprüft eine Fachjury in Blindverkostungen die Qualität der eingereichten Weine. Wer den strengen Kriterien entspricht, erhält das Qualitätssiegel mit dem Jahrgang und dem Vermerk »Selection Kalterersee Charta«.

IM WEINHAUS PUNKT am Kalterer Marktplatz können in gemütlicher Atmosphäre die Kalterer Weine der Weingüter und Kellereien von wein.kaltern verkostet werden. Dazu gibt es passende Gerichte aus der kalten und warmen Küche (Tel. +39/0471/964965).

SÜDTIROLER WEINMUSEUM

Das Südtiroler Weinmuseum lädt in der ehemaligen Kellerei Di Pauli zum Besuch. Die Dauerausstellung dokumentiert die Arbeitsabläufe im Jahreskreislauf sowie das Brauchtum im Südtiroler Weinbau und gibt Zeugnis einer alten Kulturgeschichte. Trink- und Traggefäße, Weinfässer und Keltergeräte, religiöse Volkskunst sowie eine Vielzahl von Exponaten erzählen von der Geschichte und der Bedeutung des Weines. Die über 2500 Jahre alten Traubenkerne sind ein Beweis für die jahrtausendealte Weinbaugeschichte Südtirols. Auch die Tradition des Saltners kommt im Weinmuseum nicht zu kurz: Die Südtiroler hatten zum Schutz vor Traubendiebstahl Flurhüter, die sogenannten Saltner, angestellt. Noch im Jahr 1914 gab es in Kaltern neun solcher Traubenwächter. Im kleinen Weingarten vor dem Museum werden selten gewordene Rebsorten angebaut.

◀ Das Südtiroler Weinmuseum ▶ Geschichte des Südtiroler Weinbaus

Blick vom historischen Weingut Manincor auf den Kalterer See

DAS WINECENTER DER KELLEREI KALTERN liegt direkt an der Südtiroler Weinstraße. Das moderne Gebäude der feld72-Architekten lebt vom Dialog mit dem alten Baubestand der Kellerei aus dem Jahr 1911. An sieben Tagen in der Woche kann man hier die Produkte der Kellerei Kaltern kennenlernen und erwerben (kellereikaltern.com).

KALTERER PLENT

Auf Betreiben der Initiative wein.kaltern gibt es seit einigen Jahren wieder echten Kalterer Plent - angebaut auf Kalterer Grund und Boden in einem Acker direkt am Kalterer See. Der Plent oder die Polenta wird aus gelbem Maismehl zubereitet und kam in der Vergangenheit fast täglich auf den Tisch.

Was andernorts in Südtirol die Kartoffeln waren, das war im Südtiroler Unterland und im Überetsch über Jahrhunderte hindurch der Plent - ein Gericht, das für die Landbevölkerung in verschiedenen Formen als unentbehrliches Grundnahrungsmittel den Alltag prägte. Gekocht, geröstet oder gebraten, mit Wurst und Käse, mit Gulasch und Kraut sowie mit Milch oder Gerstenkaffee - der Plent bildete jederzeit eine nahrhafte Beilage. Einige Jahrhunderte lang wurde in den trockengelegten Auen entlang der Etsch Mais angebaut - bis dieser vor einem guten Jahrhundert dem lukrativeren Apfelanbau weichen musste.

◀ Im Puntay-Keller der Kellerei Kaltern ▶ Mit der Standseilbahn auf die Mendel

Der Plent hat aber noch immer einen festen Platz in der Küche des Landes und bildet die Grundlage für stimmige und schmackhafte Gerichte. Er hat es als typisch lokales Produkt sogar zu Ehren in der gehobenen Küche gebracht: als Polenta-Nocke und Gemüse-Polenta, als Polenta-Puffer und Polenta-Gratin ... Und noch so mancher Bauer kocht in Kaltern und in Tramin während der Weinlese für seine Erntehelfer die Polenta im kupfernen Plentakessel am offenen Feuer im Weinberg. Dazu gibt's Würste und Käse, und ein gutes Glas Kalterersee natürlich. Für die Zubereitung hat jeder Bauer sein eigenes Rezept, das selbstverständlich streng gehütet wird.

Tipp

Die Familie Giovanett baut am Römerhof in Tramin alte Maissorten an. Eines ihrer Aushängeschilder ist dabei das Vollkornmaismehl: naturbelassen, schonend nach traditionellem Verfahren verarbeitet und garantiert von hofeigenem Anbau (Römerhof, Andreas-Hofer-Straße 48, Tramin, Tel. +39/339/5955989).

MIT DER STANDSEILBAHN AUF DIE MENDEL

Bei ihrer Inbetriebnahme 1903 war die Bahn von Kaltern auf die Mendel die erste elektrisch betriebene Bahn Tirols und die steilste Standseilbahn Europas. Die Fahrt mit der **Mendelbahn** wird noch heute zu einem besonderen Erlebnis. 2,37 Kilometer lang ist die Strecke von Kaltern hinauf auf den 1363 Meter hohen Pass. 854 Meter Höhenunterschied sind zu überwinden – in zwölf Minuten Fahrtzeit.

Der **Mendelpass** verbindet das Überetsch mit dem Nonstal und somit auch Südtirol mit dem Trentino. Bereits zur Römerzeit führte ein Saumpfad über die Mendel. Die heutige Straße von Kaltern hinauf auf den Pass wurde in den Jahren zwischen 1880 und 1885 erbaut und ist bei Bikern sehr beliebt. Nach der Erschließung durch Straße und Bahn entwickelte sich der Mendelpass zum beliebten Kurort und zur attraktiven Erholungszone. Die österreichische Kaiserin Sissi und Kaiser Franz Josef besuchten den Ort ebenso wie Karl May und später Mahatma Gandhi.

Nicht nur die herrliche Aussicht über Überetsch und Bozner Unterland bis weit hinein in die Bergwelt der Dolomiten zieht viele Besucher hinauf auf die Höhe. Vom Mendelpass aus startet eine Vielzahl von markierten Wander-, Reit- und Mountainbike-Wegen: hinauf auf den Penegal, auf den Gantkofel oder auf den Roen.

ÄLTESTE KIRCHENRUINE TIROLS

Die Kirchenruine **St. Peter in Altenburg** bei Kaltern reicht in ihren Ursprüngen in das 6. Jahrhundert zurück und zählt zu den ältesten Kirchen in Südtirol. Die Bauform erinnert an Kirchenbauten in Aquileia und Mailand, wobei die dreischiffige Basilika über eine gewölbte Apsis mit Rundbogen im Osten und einen Nebenraum im Nordosten verfügt. Der Legende nach hat sich hier eine prähistorische Opferstätte und spätere christliche Taufstätte sowie die Schlafstätte des um 400 bis 405 verstorbenen hl. Vigilius befunden.
Von St. Peter aus führt ein Friedensweg mit sieben mit Kunstwerken versehenen Besinnungsstationen hinab zum Kalterer Ortsteil St. Anton. Auf einem schmalen Steig und über steile Treppen bringt ein Wanderweg über die wildromantische Rastenbachklamm hinunter zum Kalterer See.

Der Kalterer See ist als wärmster Badesee der Alpen bekannt und beliebt.

AUF EINEN BLICK

Info

STADT/REGION: Kaltern
BESTE REISEZEIT: März bis November
OPTIMALE REISEDAUER: 2–3 Tage
TOURISTINFO: Tourismusverein Kaltern am See, Marktplatz 8, 39052 Kaltern, Tel. +39/0471/963169, kaltern.com

SEHENSWÜRDIGKEITEN

SÜDTIROLER WEINMUSEUM: Goldgasse 1, Tel. +39/0471/963168, weinmuseum.it
WINECENTER DER KELLEREI KALTERN: Bahnhofstraße 7, Tel. +39/0471/966067, kellereikaltern.com
ST. PETER IN ALTENBURG: Altenburger Wald, Informationen: Tel. +39/0471/963169

CAMPING ST. JOSEF AM SEE

ADRESSE: St. Josef 75, 39052 Kaltern, Tel. +39/0471/960170
ANFAHRT: Brenner-Autobahn A22, Ausfahrt Bozen Süd/Bolzano Sud, Schnellstraße MeBo Richtung Meran. Nach ca. 1 km erste Ausfahrt Richtung Eppan/Appiano und auf der Umfahrungsstraße Eppan Richtung Kaltern und zum Kalterer See.
GPS: 46.37259, 11.25315

Im gemütlichen Weinhaus Punkt

▲ Schattige Stellplätze ▼ Viel Platz für Freizeit, Spaß, Erholung und Sport ▶ Der Kalterer See ist der wärmste Badesee der Alpen.

Am Südwestufer des Kalterer Sees, dort, wo der See nahtlos in unberührtes Biotop-Ufer übergeht, fügt sich der Campingplatz St. Josef ganz sanft ins Landschaftsbild, zwischen dichtem Schilf und hohen Zypressen, nah am Seeufer. Der Campingplatz bietet 100 Stell- und Zeltplätze mit privatem Badesteg, ein Restaurant, einen kleinen Laden und saubere sanitäre Einrichtungen. Bushaltestelle direkt vor dem Campingplatz.

CAMPING GRETL AM SEE

ADRESSE: St. Josef am See 18, 39052 Kaltern, Tel. +39/0471/960244, camping-gretl.it

ANFAHRT: siehe oben

GPS: 46.38227, 11.25764

Der Campingplatz Gretl am See liegt direkt am Kalterer See und verfügt über eine eigene Liegewiese am See und einen kostenlosen Zugang zum beheizbaren Freibad Gretl am See. Die Sanitäranlagen sind gut ausgestattet. Lebensmittelmarkt und ein Cafè-Restaurant sind vor Ort, ebenso wie die öffentliche Bushaltestelle.

EPPAN

Burgen und Kapellen

Schloss Hocheppan zählt zu den wichtigsten Wehrbauten Südtirols.

Das Südtiroler Überetsch ist das burgenreichste Gebiet Europas. Allein in Eppan und Umgebung befinden sich über 200 kunsthistorische Baulichkeiten, darunter neben historischen Ansitzen, Kirchen und Kapellen an die 20 Burgen und Schlösser.

Das Gebiet der Großgemeinde Eppan umfasst die Orte St. Michael, St. Pauls, Girlan, Montiggl, Unterrain, Frangart, Missian, Perdonig und Gaid. Ein eigenes Dorf namens Eppan gibt es nicht. Im Volksmund versteht man unter Eppan meist den Hauptort St. Michael. Die Marktgemeinde liegt auf 200 bis 1800 Metern Meereshöhe und zählt an die 1000 Einwohner. Der Überetscher Baustil prägt das Bild mit zahlreichen beeindruckenden Ansitzen und Kulturdenkmälern mit zinnenbewehrten Mauern, Erkern, Doppelbogenfenstern und Freitreppen. Beispiele für die spätgotische Bauweise mit Einflüssen der italienischen Renaissance gibt es zur Genüge.

SEIT ÜBER 2000 JAHREN wird in Eppan Wein angebaut. Mit 950 Hektar Rebfläche ist Eppan die größte Weinanbaugemeinde in Südtirol. An die 25 Wein- und Sektkellereien sowie mehrere Grappa-Brennereien bieten ihre besten Tropfen zum Verkosten und Genießen an (eppanwein.it).

ST. PAULS

Die Pfarrkirche von St. Pauls, wegen ihrer majestätischen Größe auch Dom auf dem Lande genannt, ist mit ihrem wuchtigen Zwiebelturm schon von weitem zu sehen. Stattliche 86 Meter hoch ragt dieser in den Himmel. Hier läutet die größte Glocke Südtirols, die Anna-Maria, mit einem Durchmesser von über 1,80 Metern und einem Gewicht von gut 3,5 Tonnen.

Im Frühjahr 2005 wurden oberhalb des Dorfzentrums im Ortsteil Aich die Überreste einer römischen Villa gefunden, welche der Öffentlichkeit zugänglich gemacht werden sollen. Ein beinahe vollständig erhaltenes, buntes Fußbodenmosaik sticht besonders hervor.

St. Pauls lädt im Jahreslauf zu zahlreichen kulturellen und geselligen Veranstaltungen, zum Paulsner Dorffest und den WeinKulturWochen mit ihrem Highlight, der Gastlichen Tafel in den Gassen von St. Pauls, einer über 130 Meter langen geschmückten Tafel mitten im Dorf, ein.

12

Tipp

Im Sommer 2015 wurde der Golfplatz The Blue Monster in bester Lage in Unterrain Eppan eröffnet. Die Besonderheit liegt in der großen Anzahl der Wasserflächen, die eine Herausforderung für alle Golfspieler darstellen. Das Blue Monster eignet sich bestens für Spieler mit höherem Handicap aufgrund der recht breiten Spielbahn mit Ausweichmöglichkeiten sowie für erfahrene Spieler, die ihren Anreiz in der Risk-Reward-Philosophie sehen (golfandcountry.it).

GIRLAN

Eingebettet in die Rebenlandschaft Eppans liegt auf einem sonnenverwöhnten Plateau Girlan. Bereits in grauer Vorzeit besiedelt, wird Girlan erstmals als Curilan im 11. Jahrhundert erwähnt. Die Pfarrkirche, die den historischen Ortskern ziert, hat ihre Ursprünge im 13. Jahrhundert und ist dem hl. Martin von Tours geweiht. Ihm zu Ehren findet am 11. November jeden Jahres der traditionelle Martinimarkt in Girlan statt.
In Girlan dreht sich natürlich alles um den Wein. Dank der fruchtbaren Böden gehören Weinreben, Bauernhöfe und Kellereien seit jeher zum Ortsbild. Ein Weinlehrpfad startet im Zentrum des Dorfs. Veranstaltungen wie das Girlaner Kellerfest, der Weinsommer in Girlan oder die letzte Fuhre zeugen von der Begeisterung für den edlen Tropfen.

EPPAN WEIN ist Wein aus Eppan und damit Protagonist der größten Weinanbauregion Südtirols. Die Initiative versammelt 17 Weinproduzenten, Sekthersteller und Brennereien aus dem gesamten Gemeindegebiet. In der Vielfalt der Kellereien und ihrer Erzeugnisse eint EPPAN WEIN, was die Weine Eppans so besonders macht (eppanwein.it).

MONTIGGLER SEEN UND FRÜHLINGSTAL

Zwischen Obst- und Weingärten und dem dichten Montiggler Wald liegt der kleine Ort Montiggl mit seinen etwa 100 Einwohnern. Bekannt ist der idyllische Ort für seine beiden Seen und für das Frühlingstal, das hier beginnt und bis zum Kalterer See hinunter verläuft. In den ersten warmen Frühlingstagen versinkt das Tal in einem Blumenmeer.

▲ Im Barriquekeller der Kellerei St. Michael-Eppan ▼ Im Weingut Abraham

Der **Große Montiggler See** liegt mitten in einem dichten herrlichen Mischwald auf 492 Metern Meereshöhe. Der See hat eine Uferlinie von über zwei Kilometern, seine Oberfläche misst etwa 18 Hektar. An seiner tiefsten Stelle ist er 11,5 Meter tief. Auf 514 Metern Meereshöhe liegt der **Kleine Montiggler See**. Er hat eine Uferlinie von 890 Metern und ist knapp fünf Hektar groß. Er ist deutlich kleiner als der Große Montiggler See, mit einer Maximaltiefe von fast 15 Metern aber tiefer.
Rund um die Montiggler Seen führt ein Wanderweg, entlang dessen Verlauf man immer wieder gemütliche Plätze zum Abkühlen oder Entspannen findet. Für Fußgänger und Radfahrer wurde durch den Schilfgürtel ein neuer Holzsteg geschaffen, von dem aus die Tierwelt des Biotops ungestört beobachtet werden kann.

DIE BEIDEN MONTIGGLER SEEN, der große und der kleine, strahlen wie zwei stahlblaue Saphire aus dem tiefgrünen Wald, der sie umgibt. Von Mai bis September lässt es sich hier vorzüglich baden und sonnen. Beide Seen lassen sich wunderbar durchschwimmen, mit einem Boot durchqueren oder per pedes sowie mit dem Bike umrunden.

Die Burgkapelle auf Hocheppan

IN EINEM ABFALLENDEN BECKEN zwischen dem Montiggler See und dem Kalterer See befindet sich das Frühlingstal. Nirgendwo sonst in Südtirol blühen im März so viele Frühlingsknotenblumen, Veilchen, Schneeglöckchen, Leberblümchen und Schlüsselblumen. Die Wanderung mit Ausgangspunkt Parkplatz am Montiggler See ist auch für Familien mit Kindern geeignet und führt hinunter bis zum Kalterer See.

EPPANER BURGENDREIECK

Ein kunsthistorischer Rundgang im Burgendreieck von Eppan vermittelt einen guten Eindruck vom Mittelalter in Südtirol. Ausgangspunkt der zweistündigen Wanderung ist der Parkplatz unterhalb von **Schloss Korb in Missian**. Der viereckige Wohnturm des Schlosses wurde um 1235 von den Herren von Korb erbaut. 1834 kamen der schlossartige, romantisierende Umbau mit dem mit Zierzinnen gekrönten Wohnbau sowie die Schlosskapelle hinzu. Das Schloss ist heute ein Luxushotel mit Restaurant.
Auf dem Weg Nr. 12, vorbei an Weinbergen und Obstwiesen, erreicht man den Burgenweg Nr. 14. Über einen Steig geht es bergauf zum Kreideturm und von dort weiter zum **Schloss Hocheppan** mit herrlichem Panoramablick auf das Tal und Bozen. Hocheppan zählt zu den wichtigsten Wehrbauten Südtirols und beeindruckt mit seiner **Burgkapelle**, der »Sixtinischen Kapelle der Alpen«.

Das Schloss wurde um 1153 von Ulrich II. von Eppan erbaut. Die Burgkapelle mit ihren wertvollen, erst 1926 gänzlich freigelegten Fresken ist eines der wichtigsten romanischen Kunstdenkmäler in Südtirol. Neben den religiösen Motiven verdient vor allem die Jagdszene an der Außenwand aus dem 13. Jahrhundert Beachtung: das sogenannte Knödelfresko. Bei der Geburt Jesu sitzt eine Frau mit einer Pfanne voller Knödel im rechten unteren Bildrand und führt gerade einen Knödel zum Mund. Maria – die Knödelmadonna von Hocheppan – blickt nicht auf ihr eben geborenes Kind, sondern wendet sich mit ausgestrecktem Zeigefinger der Knödelesserin zu. Weiter geht es zum 1230 erbauten romanischen **Schloss Boymont**, heute eine gut restaurierte Burgruine. Im Innenhof bietet eine Burgschänke Getränke und mittelalterliche Speisen an. Gestärkt geht es wieder bergab zum Ausgangspunkt der Wanderung.

DAS MESSNER MOUNTAIN MUSEUM MMM FIRMIAN auf Schloss Sigmundskron legt den Fokus auf die Auseinandersetzung zwischen Mensch und Berg. Bilder, Skulpturen, symbolische Gegenstände und Reliquien erzählen von der Bedeutung der Berge für die Menschen. MMM Firmian ist ein einzigartiger Begegnungsraum mit großartigen Ein- und Ausblicken (messner-mountain-museum.it).

EISLÖCHER BEI EPPAN

Ein kühlender, kalter Luftzug mitten in einem märchenhaft smaragdgrün leuchtenden Wald – auch in den heißen Sommermonaten? Ein Naturphänomen der ganz besonderen Art sind die Eislöcher zwischen Eppan und Kaltern. Sie befinden sich am Fuß des Gandbergs in einer 200 Meter langen und 40 Meter breiten Mulde.

In dem von Felstrümmern übersäten, moosbedeckten Waldstück ganz in der Nähe der Mendelstraße auf knapp 500 Metern Meereshöhe trifft man auf ein **seltenes Naturphänomen** und auf eine geologische Attraktion: Die Luft strömt durch ein unterirdisches Spaltensystem zwischen den Porphyrblöcken des Bergsturzes des Gandbergs von oben nach unten, kühlt sich dabei ab und erreicht eine Temperatur von 0 bis 9 Grad Celsius. Die schwerere kalte Luft bleibt als Kaltluftsee in etwa fünf Metern Höhe in

Das Südtiroler Überetsch ist das burgenreichste Gebiet Europas.

der Mulde rund um die sogenannten Eislöcher liegen. So findet man sogar im Sommer kleine Eiszapfen in den Felslöchern. Das Phänomen wird mit dem physikalischen Prinzip der Windröhre erklärt. In der warmen Jahreszeit ist das ein herrlich erfrischendes Gefühl, wenn man plötzlich mitten im Wald in ein völlig anderes Klima eintaucht. Die Eislöcher sind deshalb besonders an heißen Tagen ein beliebtes, leicht erreichbares Ausflugsziel für Groß und Klein. Eine Jacke nicht vergessen!

Zu den eisigen Löchern führt ein **gemütlicher Wanderweg**: Er startet auf dem Dorfplatz in St. Michael Eppan, führt hinauf zur idyllisch gelegenen **Gleifkirche** und von dort durch Weinberge in den Wald hinein. Auf dem Rückweg kommt man an den Schlössern **Gandegg, Englar und Moos-Schulthaus** vorbei. Für den Ausflug sollte man gute zwei Stunden Gehzeit berechnen.

Aber noch etwas anderes macht die Eislöcher zur Attraktion: Durch das kühle Klima finden hier Pflanzen, die normalerweise erst in höheren alpinen Regionen ab 1200 Metern Meereshöhe wachsen, einen idealen Lebensraum, etwa die Rostblättrige Alpenrose. Auf engstem Raum wächst hier eine große Vielfalt von über 500 unterschiedlichsten Pflanzenarten.

AUF DEM WEG ZU DEN EISLÖCHERN liegt das einladende Wanderer-Hotel Steinegger. Das Restaurant bietet durchgehend warme Küche, das Hotel auch zwei Campingstellplätze (Matschatscherweg 9, 39057 Eppan, Tel. +39/0471/662248, steinegger.it).

AUF EINEN BLICK

Info

STADT/REGION: Eppan an der Weinstraße
BESTE REISEZEIT: März bis November
OPTIMALE REISEDAUER: 2–3 Tage
TOURISTINFO: Tourismusverein Eppan, Rathausplatz 1, 39057 St. Michael-Eppan, Tel. +39/0471/662206, eppan.com

SEHENSWÜRDIGKEITEN

BURG HOCHEPPAN: Hocheppanerweg 16, St. Pauls-Missian, Tel. +39/0471/636081, hocheppan.com
MESSNER MOUNTAIN MUSEUM MMM FIRMIAN: Sigmundskronerstraße 53, Bozen, Tel. +39/0471/631246, messner-mountain-museum.it
DOM ST. PAULS: Paulserplatz 16, St. Pauls, Führungen Tel. +39/0471/662191

CAMPING MONTIGGL

ADRESSE: Montiggler Str. 62/A, 39057 Eppan, Tel. +39/0471/662320, campingmontiggl.com
ANFAHRT: Brenner-Autobahn A22, Ausfahrt Bozen Süd/Bolzano Sud, Schnellstraße MeBo Richtung Meran. Nach ca. 1 km erste Ausfahrt Richtung Eppan/Appiano und nach 4 km auf der Umfahrungsstraße Eppan Ausfahrt St. Michael/Eppan/Montiggler Badeseen nehmen.
GPS: 46.43990, 11.28183
Der Campingplatz Montiggl liegt mitten im Naturschutzgebiet Montiggler Wald in unmittelbarer Nähe zu den beiden Montiggler Seen. Der 2019 eröffnete moderne Campingplatz mit 80 Plätzen und Camperstop mit 16 Plätzen wird von Familie Trettl und Team geführt und bietet neben perfektem Service alle notwendige Infrastruktur, einen hauseigenen Schwimmteich, Pizzeria, Restaurant, Konditorei, Café und Eisdiele. Gute Busanbindung nach Eppan und Bozen.

RITTEN

Schmalspurbahn und Erdpyramiden

Herrlicher Panoramarundblick vom Ritten auf das Rosengarten-Massiv

13

»Wer Tirol mit einem Blick will übersehen, der besteige diese Höhen«, so beschrieb der Alpinist Ludwig Purtscheller im 19. Jahrhundert das Panorama vom Rittner Horn aus. Der Berggipfel rühmt sich zu Recht der schönsten Rundum-Aussicht in Südtirol. Aber auch das sonnige Hochplateau am Ritten hat einiges zu bieten.

Seit dem Jahr 1907, noch bevor es eine ausgebaute Straße hier herauf gab, führte direkt vom Zentrum der Stadt Bozen eine Zahnradbahn auf den Ritten. 1966 wurde diese durch eine neue Seilschwebebahn ersetzt. Die 4,5 Kilometer lange Bahn verbindet Bozen mit dem 1200 Meter hoch gelegenen Oberbozen, dem traditionellen Sommerfrischort der wohlhabenden Bozner. Während diese früher noch von Bauernburschen in der Sänfte auf das Sonnenplateau hinaufgetragen worden sind, erreicht der Gast heute in nur zwölf Minuten bequem sein Ziel. 2009 schließlich eröffnete die neue Rittner-Seilbahn, die erste Dreiseil-Umlaufbahn Italiens. Die Bahn transportiert in acht Kabinen je 30 Personen in zwölf Minuten hinauf auf das Hochplateau und hinunter in die Landeshauptstadt, und dies im Vier-Minuten-Takt von 6.30 bis 21 Uhr. Wartezeiten gibt es keine mehr und auch ein Fahrplan wurde dadurch überflüssig.

HINAUF AUFS RITTNER HORN

In Oberbozen wartet die letzte noch funktionierende historische Schmalspurbahn aus dem Jahr 1907 und führt die Reisenden durch eine traumhafte Landschaft mit Panoramablick. Die Schmalspurbahn, die heute die letzte ihrer Art in ganz Südtirol ist, verkehrt zwischen Oberbozen und Klobenstein als Hauptstrecke und einige Male auf der Nebenstrecke Maria Himmelfahrt mit historischen und moderneren Triebwagen. Eine Fahrt zahlt sich allein schon wegen der atemberaubenden Sicht entlang der Trasse aus. Wanderer zieht es dann mit der Rittnerhorn-Seilbahn von der Talstation in Pemmern aus (erreichbar mit dem Bus 166 ab Klobenstein) hinauf auf die Schwarzseespitze. Von dort kommt man in einer guten Stunde zu Fuß auf das 2260 Meter hohe Rittner Horn, den Hausberg der Rittner und einen der schönsten Aussichtsberge der Alpen: mit sagenhaftem 360-Grad-Rundumblick von den Dolomiten zur Ortlergruppe bis hin zur Zugspitze und zum Großglockner.

13

Im Winter wird eine Schneeschuhwanderung aufs Rittner Horn zu einem Erlebnis, das man so schnell nicht wieder vergisst. Und auch mit dem Rodelschlitten hat man auf kilometerlangen Pisten seinen Spaß. Oder man lässt hier am Sonnenplateau Ritten, dem Kraftplatz in Südtirol, ganz einfach seine Seele baumeln.

IN WOLFSGRUBEN, bequem erreichbar mit der Rittner Bahn, befindet sich, von weitem sichtbar, das Imkereimuseum Plattner Bienenhof, einer der ältesten Bauernhöfe am Ritten. Hier erfährt man alles über Bienen und die Honiggewinnung.

RITTNER ERDPYRAMIDEN

Das Wahrzeichen der Gemeinde Ritten, die Erdpyramiden, findet man gleich an mehreren Stellen am Hochplateau: Im Finsterbachgraben auf dem Weg von Lengmoos nach Maria Saal, im Katzenbachgraben unterhalb von Oberbozen und im Gasterergraben in Unterinn.
Die Rittner Erdpyramiden sollen die höchsten und formschönsten in Europa sein. Die markanten und bizarren Erdsäulen mit einer Höhe von zehn bis 15 Metern und einem Deckstein auf der Spitze, der den darunterliegenden Lehm vor Feuchtigkeit schützt und ihn hart hält, haben sich im Laufe der Zeit durch Erosion gebildet. Das Material, aus dem die Erdpyramiden entstehen, ist rund 25 000 Jahre alt. Die größten und schönsten Pyramiden bildeten sich in einem Zeitraum von Tausenden von Jahren.

Auf dem richtigen Weg im Wanderparadies Ritten und Rittner Horn

▲ Rittner Erdpyramiden und Maria Saal ◀ Einkehr im Bauerngasthof Patscheider … ▶ … bei Schlutzkrapfen und einem guten Glas Wein

IM MALERISCHEN DORF SIGNAT liegt der Patscheiderhof, seit mehr als 100 Jahren im Besitz der Familie Rottensteiner. Von Schlutzkrapfen und Rohnennocken bis zu Kalbshaxe und Schweinerippchen – nicht zu vergessen Nachspeisen und Kuchen – ist alles leicht und lecker zubereitet (Tel. +39/0471/365267, patscheider-hof.com).

Tipp

»Mein Weg: Beste Qualität von Anfang an, Zutaten am Zenit ihrer Reife, viele Stunden Handarbeit, schonende Verarbeitung. Die Essenz all dessen spüren Sie in meinen Bergapfelsäften« – dies verspricht Thomas Kohl, der erste Apfelsaft-Affineur Italiens, von Kohl Bergapfelsäfte (Hauptstraße 35, 39054 Unterinn am Ritten, kohl.bz.it).

Stelldichein der Südtiroler Sterneköche

KLEINE GAUMENFREUDEN IN BOZEN

Bei einem Aufenthalt auf dem Ritten darf ein kleiner Abstecher in Südtirols Landeshauptstadt Bozen nicht fehlen – am besten mit der Rittner-Seilbahn. In einer etwas versteckten Ecke Bozens herrscht rund um die Uhr reges Treiben. Vor allem in den Abend- und Nachtstunden hat sich im Viertel rund um den Obstmarkt ein buntes, unterhaltsames Leben entwickelt. Das Dai Carrettai in der Dr.-Streiter-Gasse mit seinen wenigen Holztischen und seiner besonderen Atmosphäre zieht Einheimische genauso an wie Gäste. Hier fühlt sich jeder wie zuhause, zapft sich ganz unkompliziert seinen Wein und sein Wasser selber, bedient sich an der Theke bei der großen Auswahl an herzhaften Häppchen und leckeren Bruschette, setzt sich an einen Tisch oder gesellt sich an einen Stehtisch auf der Straße, eben da, wo gerade Platz ist. So kommt jeder mit jedem gleich ins Gespräch – eine »gelungene Mischung aus alpiner Volkstümlichkeit und mediterraner Dolce Vita«. Vor dem Aufbruch wird an der Theke bezahlt: Den Überblick über das Konsumierte hat der Gast, die Rechnung macht der Wirt.

13

Zwei Schritte weiter Richtung Obstmarkt gibt es auch in der Freiluftkneipe und **Open-Air-Weinbar Fischbänke** einiges Gedränge. Lebenskünstler Cobo mit seiner grauen Künstlermähne bedient an den Marmortheken im Freien, auf denen früher einmal Fisch gehandelt wurde, seine Gäste. Ein paar große Sonnenschirme schützen vor Sonne und Regen. Jeder freie Platz ist mit Sprüchen und Cartoons vom Hausherrn austapeziert – eine wohltuend stressfreie Oase mit mediterranem Flair, mitten in Bozen.

Eine beliebte Adresse direkt am angrenzenden Obstmarkt ist Banco 11. In ihrer einladenden kleinen Vinothek serviert die gebürtige Finnin Birgitta Puustinen ausgefallene Aperitifs und beste Weine in großer Auswahl – direkt an der Straße zwischen den belebten Markständen.

NACH EINEM BUMMEL über den Obstmarkt darf ein Besuch im weltweit berühmten Ötzi-Museum, beim Mann aus dem Eis, in der angrenzenden Museumsstraße nicht fehlen.

EIN DENKMAL, EINE STADT, ZWEI DIKTATUREN

Das Bozner **Siegesdenkmal** sorgte immer wieder für Auseinandersetzungen zwischen Teilen der italienischsprachigen und der deutschen Bevölkerung Südtirols. Für die einen ein emotionsgeladenes Symbol der eigenen Identität, bleibt das Denkmal für so manche ein unerwünschtes faschistisches Relikt.

Der bekannte Bozner Obstmarkt im Herzen der Stadt

Einkaufsbummel unter den mittelalterlichen Bozner Lauben

Da half vor wenigen Jahren auch die Umbenennung des Siegesplatzes in Friedensplatz nichts. Nur wenige Monate später wurde der Platz durch ein Referendum wieder rückbenannt. BZ '18–'45 – die im Juli 2014 eröffnete **Dokumentations-Ausstellung im Siegesdenkmal** versucht, Brücken zu bauen und neue Wege der gemeinsamen Geschichtsbewältigung zu gehen. In 15 unterirdischen Räumlichkeiten wird die Geschichte Bozens von 1918 bis 1945 sowie die Geschichte des umstrittenen Denkmals dokumentiert. Die Ausstellung thematisiert die Folgen des Ersten Weltkriegs für Südtirol, den italienischen Faschismus und die Zeit der nationalsozialistischen Besetzung, die Option ab 1939 sowie die Dramatik des Zweiten Weltkriegs.

Das Siegesdenkmal wurde am 12. Juli 1928 eingeweiht. Der Architekt des Denkmals, Marcello Piacentini, war eine der prägenden Gestalten der italienischen Architektur der ersten Hälfte des 20. Jahrhunderts. Das Denkmal ist neben dem von Hans Piffrader gemeißelten Fries auf dem Bozner Gerichtsplatz eines der bedeutendsten Monumente aus der Zeit des Faschismus in Südtirol, ein Symbol der Italianität sowie ein Denkmal für die italienischen Toten des Ersten Weltkriegs.

Der Triumphbogen ist mit antiker, faschistischer und christlicher Symbolik ausgestaltet. Säulen und Pilaster wurden als überdimensionale Liktorenbündel ausgearbeitet. An der Stirnseite schießt eine stilisierte Siegesgöttin einen Pfeil gegen den germanischen Norden ab. Von der Frontseite prangt noch heute die lateinische Inschrift: *Hic patriae fines siste signa. Hinc ceteros excoluimus lingua legibus artibus.* (auf Deutsch: Hier an den Grenzen des Vaterlands setze die Zeichen. Von hier aus bildeten wir die Übrigen durch Sprache, Gesetze und Künste.)

AUF EINEN BLICK

Info

STADT/REGION: Ritten, Bozen
BESTE REISEZEIT: Ganzjährig
OPTIMALE REISEDAUER: 2–3 Tage
TOURISTINFO: Tourismusverein Ritten, Dorfstraße 5, 39054 Klobenstein/Ritten, Tel. +39/0471/356100, ritten.com

SEHENSWÜRDIGKEITEN

IMKEREIMUSEUM PLATTNER BIENENHOF: Wolfsgruben 15, Oberbozen, Tel. +39/0471/345350, museo-plattner.com
ÖTZI-MUSEUM: Südtiroler Archäologiemuseum, Museumsstraße 43, Bozen, Tel. +39/0471/320100, iceman.it
BZ '18–'45: Siegesdenkmal, Siegesplatz, Bozen, Tel. +39/339/8656100, siegesdenkmal.com

CAMPING MOOSBAUER

ADRESSE: Moritzinger Weg 83, Zufahrt Meranerstraße 101, 39100 Bozen, Tel. +39/0471/918492, www.moosbauer.com
ANFAHRT: Brenner-Autobahn A22 Ausfahrt Bozen Süd/Bolzano Sud, Schnellstraße MeBo Richtung Meran, Ausfahrt Bozen und dann Landesstraße Richtung Terlan.
GPS: 46.50361, 11.29963

Blick vom Ritten gen Dolomiten

Der von Weinbergen umgebene Traditionsplatz gilt seit 1957 als erste Adresse, um Bozen und seine Umgebung zu erkunden. Die Inhaber Mia und Klaus Egger führen den Platz bereits in dritter Generation. Die gesamte Anlage ist zertifiziert und zu 100 Prozent klimaneutral ausgerichtet. Für Liner bis 9,5 m Länge gibt es 4 Superior-Plätze mit bis zu 130 qm, noch größer sind die 4 Deluxe-Plätze mit modernem Privatbad. Alle Plätze sind durch Hecken getrennt, mit Strom, Sat-TV sowie Frisch- und Abwasser ausgestattet, schnelles WLAN ist überall verfügbar.

MERAN

Kur- und Gartenstadt mit mediterranem Flair

Gärten von Schloss Trauttmansdorff: ein Erlebnis für alle Sinne

Meran vereint mediterrane Eleganz und Leichtigkeit mit Tradition und kultureller Vielfalt. Diese Vielfalt bringt ein südländisch angehauchtes Lebensgefühl mit sich, begünstigt durch das milde Meraner Klima. Wohl nicht umsonst war Meran über Jahrhunderte die Landeshauptstadt Tirols.

Seit Mitte des 19. Jahrhunderts ist die Stadt vor allem als Kurort bekannt. Nach und nach kamen die ersten Gäste zur Kur in den Luftkurort. Als dann auch Kaiserin Elisabeth, die Sissi von Österreich, in den 1870er-Jahren den Weg nach Meran fand, wurde die Stadt schlagartig zum beliebten Kurort für Aristokratie und Bürgertum aus ganz Europa. Luxuriöse Hotels und Prachtbauten wie das Kurhaus und das Stadttheater veränderten das Stadtbild. Dieses ist heute von großzügig angelegten Parks und gepflegten Promenaden geprägt. Der oberhalb von Meran gelegene Tappeinerweg ist eine der längsten Promenaden Europas und bietet auf vier Kilometern eine üppige, mediterrane Vegetation sowie herrliche Aussichtspunkte auf den Meraner Talkessel.

ENTSPANNUNG PUR BIETET die Therme Meran mit ihrer Rundum-Wohlfühl-Welt. Abwechslungsreiche Wasserwelten, eine gepflegte Sauna-Landschaft und der wunderschöne Thermenpark laden buchstäblich dazu ein, einen Wellness-Tag hier zu verbringen – das ganze Jahr über, denn die Therme ist jeden Tag geöffnet (termemerano.it).

SCHLOSS TRAUTTMANSDORFF

Die Gärten von Schloss Trauttmansdorff in Meran stellen auf zwölf Hektar über 80 Garten-, Natur- und Kulturlandschaften mit Pflanzen aus aller Welt vor. Neben dem Ötzi-Museum in Bozen sind sie zu Südtirols Besucherattraktion Nummer eins, zum beliebten Ausflugsziel und zu einem Erlebnis für alle Sinne avanciert. Vier Themenbereiche bilden die Schwerpunkte von Trauttmansdorff: Die Waldgärten zeigen Miniaturwälder aus Amerika und Asien, die Sonnengärten bezaubern mit Landschaftsbildern des Mittelmeerraums, die Wasser- und Terrassengärten präsentieren gestaltete Gartenräume mit Treppen und Wasserläufen. Die Landschaften Südtirols schließlich gewähren Einblicke in die ursprüngliche heimische Pflanzenwelt. Einzigartig ist in den Gärten von Schloss Trauttmansdorff die **Verbindung von Kunst und Natur** mit zehn Kunstpavillons, einer thematisch verwandten Fauna sowie historischer und aktueller Architektur. Gemäß dem Leitmotiv »Gärten in Bewegung« verändert sich das Erscheinungsbild der Gärten Woche für Woche – durch den ganzen Jahreskreislauf hindurch. Jährlich kommen neue Gartenbereiche und Attraktionen hinzu. Mit Sonderausstellungen und musikalisch-kulinarischen Events – lauschige Sommernächte mit World Music vom Feinsten, ein gemütliches Frühstück bei Sissi, Abende mit exotischen Gartencocktails – und mit themenspezifischen Gartenführungen wird Botanik immer als mehrdimensionales Sinneserlebnis vermittelt. Sämtliche Wege sind kinderwagen- und rollstuhlgerecht angelegt.

DAS ERSTE TOURISMUSMUSEUM des Alpenraums, das Touriseum, ist im ehemaligen Feriensitz von Kaiserin Elisabeth untergebracht. Das romantische Schloss Trauttmansdorff mit seinem herrlichen Ausblick auf Meran und die terrassenförmige Gartenlandschaft ist allein schon einen Besuch wert.

◀ Das noble Jugendstil-Kurhaus von Meran ▶ Kaiserin Sissi-Denkmal

Entspannung pur in der Therme Meran mit ihrer Rundum-Wohlfühl-Welt

STAMMBURG TIROLS

Schloss Tirol, das bedeutendste Schloss des Landes, thront majestätisch hoch über Meran auf einem mächtigen Moränenhügel. Die Stammburg der einstigen **Grafen von Tirol** hat dem Land seinen Namen gegeben und beherbergt heute das Südtiroler Landesmuseum für Kultur- und Landesgeschichte.

Um 1140 erbauten die Grafen von Tirol ihre Residenz, die schon bald zum bedeutendsten Schloss in ganz Tirol wurde. Der Burghügel war bereits in der Urgeschichte besiedelt. Zahlreiche Funde, darunter ein Gräberfeld aus dem Frühmittelalter sowie eine frühchristliche Kirche mit drei Apsiden wurden freigelegt.

Seine **Blütezeit** erlebte Schloss Tirol unter der Herrschaft der Gräfin Margarete Maultasch von Tirol. 1363 vermachte diese ihr Land im Einvernehmen mit den Landständen ihrem Verwandten, dem Habsburger Rudolf dem Stifter. Die Burg blieb bis 1420 Residenz der Tiroler Landesfürsten. Dann verlegte Herzog Friedrich mit der leeren Tasche diese in das verkehrstechnisch günstiger gelegene Innsbruck.

Die Kernburg besteht aus Südpalas mit Kapelle, Ostpalas, Wehrgang, Mushaus, Bergfried, Küchenhof und Wirtschaftsgebäuden. Kunsthistorisch besonders interessant ist die **Burgkapelle**. »Die herrlichen Portale sind die hervorragendsten Beispiele romanischer Bauplastik in Tirol. In ihrem Programm um Häresie, Sündenfall und Heilsgeschehen stellen sie ein in Marmor gemeißeltes Lexikon des Weltbilds, der Symbolik und Gebärdensprache im Mittelalter dar«, erklärt Museumsdirektor Leo Andergassen. Der Altar in der Oberkapelle ist der älteste Flügelaltar im Alpenraum. Das Original befindet sich seit 1938 im Museum Ferdinandeum in Innsbruck. Auch die bauplastisch sehr reich ausgearbeiteten und lombardischen Tra-

Ausblicke und Einblicke auf Schloss Tirol, dem Stammschloss des Landes

ditionen verpflichteten Kapitelle im Rittersaal zählen zu den Hauptwerken romanischer Steinmetzkunst des 12. Jahrhunderts. Über dem Eingang zur Kapelle befindet sich die älteste erhaltene Darstellung des Tiroler Adlers aus dem 13. Jahrhundert.

IN DER FALKNEREI neben Schloss Tirol befindet sich eine Pflegestation für Greifvögel mit täglichen Flugvorführungen (Pflegezentrum für Vogelfauna, Tel. +39/0473/221500, gufyland.com).

FRAUENMUSEUM MERAN

Das Frauenmuseum in Meran ist ein museales Schmuckstück in Südtirols bunter Museumslandschaft. Das 1988 gegründete Museum ist im ehemaligen Klarissenkloster und Mädcheninternat am Kornplatz im Zentrum von Meran untergebracht, das seit dem Jahr 1309 Frauengeschichte in der Stadt mitgeschrieben hat.

Im innovativ gestalteten Museum wird heute auf zwei Stockwerken eine permanente Ausstellung gezeigt. Im Mittelpunkt steht die **Kultur- und Alltagsgeschichte aus weiblicher Sicht**: die Darstellung von Frauenidealen, -bildern und -rollen im 19. und 20. Jahrhundert anhand von Kleidern, Accessoires, Alltagsgegenständen, Büchern und Dokumenten. Der jeweilige Zeitgeist und die Bedeutung der Frau im Laufe der Geschichte werden anschaulich dokumentiert. »Die weibliche Wirklichkeit sichtbar machen, welche in der allgemeinen Geschichtsschreibung ausgeblendet wird«, das wollen die Museumsmacherinnen. Als Symbol haben sie sich nicht ohne Grund ein Korsett gewählt, lange Zeit ein fester, einschnürender Bestandteil der weiblichen Kleidung.

Hinzu kommen wechselnde **Sonderausstellungen**, ein abwechslungsreiches **Rahmenprogramm** zu frauen- und genderrelevanten Themen sowie eine gut ausgestattete Fachbibliothek. Das nach seiner Gründerin Evelyn Ortner benannte Frauenmuseum Meran ist ganzjährig geöffnet und sieht sich heute als ein vielseitiger Ort der Begegnung sowie als ein Netzwerk der Forschung und des interdisziplinären Diskurses. Außerdem ist es zum Knotenpunkt der International Association of Women's Museums (IAWM) geworden.

EIN BESUCH EMPFIEHLT SICH auch im Museum Kunst Meran/o Art. Ganzjährig geöffnet zeigt Kunst Meran auf drei Stockwerken mit rund 500 Quadratmetern Ausstellungsfläche wechselnde Ausstellungen zu künstlerischen Positionen der bildenden Kunst, Architektur, Literatur, Musik, Fotografie und Neuen Medien.

Tipp

Regionalität, Saisonalität und Nachhaltigkeit – diese Grundsätze hat sich das Team von Pur Südtirol auf die Fahnen geschrieben. Die drei Pur-Genussmärkte in Meran, Bozen und Bruneck sind dementsprechend Feinschmeckertreffpunkte der besonderen Art: Sie bieten ausschließlich Qualität aus Südtirol an (Meran: Freiheitsstraße 35, Bozen: Perathonerstraße 9, Bruneck: Herzog-Sigmund-Straße 4/a, pursuedtirol.com).

◀ Touriseum im Schloss Trauttmansdorff ▶ Meraner Gilf-Promenade

AUF EINEN BLICK

Info

STADT/REGION: Meran, Burggrafenamt
BESTE REISEZEIT: März bis November
OPTIMALE REISEDAUER: 2–3 Tage
TOURISTINFO: Kurverwaltung Meran, Freiheitsstraße 45, 39012 Meran, Tel. +39/0473/272000, merano-suedtirol.it

SEHENSWÜRDIGKEITEN

GÄRTEN VON SCHLOSS TRAUTTMANSDORFF: St.-Valentin-Straße 51a, Meran, Tel. +39/0473/235730 (Gärten), Tel. +39/0473/270172 (Touriseum), trauttmansdorff.it
SCHLOSS TIROL: Schlossweg 24, Tirol, Tel. +39/0473/220221, schlosstirol.it
FRAUENMUSEUM: Meinhardstraße 2, Meran, Tel. +39/0473/231216, museia.it
KUNST MERAN/O ART: Lauben 163, Meran, Tel. +39/0473/212643, kunstmeranoarte.org

CAMPERSTELLPLATZ SCHNEEBURGHOF

ADRESSE: Segenbühelstraße 26, 39019 Dorf Tirol/Meran, Tel. +39/0473/923595, schneeburghof.com
ANFAHRT: Von Meran Richtung Passeiertal/Jaufenpass, dann Abzweigung nach Dorf Tirol. Direkt vor dem Hotel Gartner nach links abbiegen in Richtung Segenbühel-Schneeburghof.
GPS: 46.67591, 11.16761

Meraner Kurhaus mit dem Pavillon des Fleurs

Camperstellplatz Schneeburghof: Panoramablick aufs Burggrafenamt

Der Camperstellplatz am Schneeburghof bietet ausreichend Platz für 55 Wohnmobile – inmitten der Natur, umgeben von Obstwiesen und Weinbergen mit Panoramablick über Dorf Tirol und das Burggrafenamt. Jeder Stellplatz verfügt über einen Strom und Wasseranschluss. Einkaufsmöglichkeiten gibt es 30 Gehminuten vom Stellplatz entfernt. Von Mai bis September steht ein Freischwimmbad mit einer großen Liegewiese und ausreichend Sonnenliegen zur Verfügung. Frühstück gibt's bei Bedarf im Garni Schneeburghof.

LIVE MERANO CAMPING

ADRESSE: Piavestraße 46, 39012 Meran, Tel. +39/0473/426388, livemeranocamping.com

ANFAHRT: Ausfahrt Meran Zentrum auf der Schnellstraße Meran-Bozen, dann rechts halten und beim Kreisverkehr an der Marlinger Brücke links in Richtung Süden abfahren. Beim Kreisverkehr am Untermaiser Bahnhof links abbiegen und entlang des Pferderennplatzes bis zum nächsten Kreisverkehr, dort links in die Piavestraße abfahren, nach ca. 300 Metern nach der Ampel links befindet sich der Campingplatz.

GPS: 46.66437, 11.15858

Der neue Live Merano Camping im Herzen von Meran bietet 91 Stellplätze zu je ca. 80 m² mit privatem Garten von ca. 40 m². Dazu gesellen sich ein neuer Pool und Spa-Bereich sowie 24 kostenlos benutzbare Bäder mit WC, Dusche und Waschbecken.

PASSEIERTAL

Uriges Tal der Gegensätze

Blick auf das Burggrafenamt und Schenna von Dorf Tirol aus

15

Das Passeiertal nördlich von Meran ist ein Tal voller Gegensätze. Die Heimat des Tiroler Volkshelden Andreas Hofer zählt zu den urigsten und landschaftlich vielfältigsten Tälern Südtirols. Eine weitgehend noch unberührte Natur sowie eine selbstbewusste, lebendige Kultur prägen Landschaft und Alltag.

Andreas Hofer (1767–1810), Tirols Held und Anführer in den Freiheitskriegen um 1809 gegen Franzosen und Bayern, hat sein Museum im Passeiertal. In seinem Geburtshof in St. Leonhard in Passeier, im historischen Sandhof, werden die einschneidenden Ereignisse der ersten Jahrzehnte des 19. Jahrhunderts anschaulich dargestellt.
Helden & Hofer – unter diesem Motto nähert sich die Dauerausstellung dem Tiroler Viehhändler, Wirt, Rebellenführer und Helden und zeigt auf, wie es 1809 zum Aufstand der Tiroler gegen Napoleon kam. Die Ausstellung geht aber auch über Andreas Hofer hinaus. Es wird dargestellt, wie Helden auch heute noch entstehen und wofür man sie gebrauchen und genauso missbrauchen kann. In der Ausstellung steht das Publikum im Mittelpunkt – mit Blick hinauf zu all den Stars und Helden, von denen wir umgeben sind. Der Bogen, der all diese Helden – von Andreas Hofer über Superman bis zu Nelson Mandela – vereint, ist die zeitlose und daher stets aktuelle Frage: Warum brauchen wir eigentlich Helden?
Auf dem Freigelände steht ein für das Passeiertal typischer Haufenhof samt Wohnhaus, Scheune und Nebengebäuden: Mühle, Schmiede, Backofen, Getreidekasten, Lodenwalke und Bienenstand. Die 2015 eröffnete Dauerausstellung »Miër Psairer« stellt die zahlreichen Objekte der Volkskundesammlung – Exponate zum Thema Tracht, Volksmedizin, Urgeschichte und zu alten Handwerksberufen – in ein neues Licht und verbindet sie mit den ausgeprägten Charakterzügen der Bewohner des Tals. Unmittelbar neben dem MuseumPasseier steht auch die Andreas-Hofer-Gedächtniskapelle (1899) mit der Darstellung des Tiroler Aufstands von 1809 und von Hofers Tod. Etwas unterhalb steht eine zweite Kapelle, das Heilig-Grab-Kirchlein, das 1691 vom Urgroßvater Hofers nach einem Besuch in Jerusalem errichtet wurde. Caspar Hofer wollte sich damit für die glücklich verlaufene Pilgerreise bedanken. Das Kirchlein kann nur nach Anfrage im Museum besichtigt werden.

15

DER NORGGENSTEIG entführt die Besucher in die Sagenwelt der Kobolde. Vom MuseumPasseier aus startet der Steig mit bebilderten Sagenerzählungen, Unterhaltsamem, Sinnlichem und vielen Spielen. Die 13 Stationen hat der Meraner Künstler Matthias Schönweger gestaltet. Auf der Höhe von St. Leonhard geht der Steig in einen Lehrpfad zu Fischerei und Imkerei über (museum.passeier.it).

Tipp

Das Passeiertal ist das an Wasserfällen reichste Tal Südtirols. Der Kalmtaler Wasserfall ist wohl der schönste unter ihnen und sicher der am häufigsten besuchte. Die 40-minütige und gut beschilderte Wanderung startet am Parkplatz an der Hauptstraße von St. Martin auf dem Passerdammweg in südliche Richtung.

PARADIES AM ENDE DES TALS

Das 150-Seelen-Dorf Pfelders liegt auf über 1620 Metern Meereshöhe im hintersten Winkel des Passeiertals. Das Dorf, übrigens die höchste Dauersiedlung im Tal, ist in den Naturpark Texelgruppe eingebettet. Eine beeindruckende Gipfelkulisse mit Texelspitze (3318 m), Roteck (3337 m), Hohe Weiße (3281 m), Hohe Wilde (3481 m), Karlesspitze (3462 m) und Hintere Schwärze (3624 m) umrahmt das Tal wie ein natürliches Amphitheater.
Das Pfelderertal ist knapp 23 Kilometer lang und zweigt bei Moos in Passeier nach Westen ab. Die kurvenreiche Straße führt vorbei an tiefen Schluchten und durch bewaldete Hänge, bis sich die Strecke am Ende des Tals angenehm weitet.

◀ Andreas Hofer-Museum ▶ Geburtshof in St. Leonhard in Passeier

◀ Romantische Wasserfälle … ▶ … und einladende Wanderwege

Pfelders hat sich voll und ganz dem sanften Tourismus verschrieben und gehört seit 2010 zur Vereinigung der Alpine Pearls, einer länderübergreifenden Kooperation zwischen Ferienorten, die größten Wert auf sanfte Mobilität, Klima- und Umweltschutz sowie die Förderung der regionalen Kultur legen.
Das von traditionellen Holzbauten und alten Bauernhöfen geprägte Ortszentrum ist autofrei. Ein großer Parkplatz steht vor dem Dorfeingang zur Verfügung. Von dort aus können vielfältige Almen- und Gipfeltouren in den Naturpark Texelgruppe unternommen werden. Mit dem Grünboden-Express lässt man sich ganz bequem auf über 2000 Meter bringen. Im Winter punktet das schneesichere Skigebiet mit Rodelbahnen und Langlaufloipen und vielen Kilometern an Wanderwegen. Vor allem aber: In Pfelders und im gesamten Hinterpasseier geht es das ganze Jahr über recht gemütlich zu. Eine ideale Auszeit also zum Naturgenießen und Kräftetanken.

PANORAMAWANDERUNG von Pfelders nach Lazins. Vom Parkplatz in Pfelders geht es mit der Kombibahn zur Günbodenhütte (2000 m) und von da über den atemberaubenden Meraner Höhenweg mit großartigem Panormablick zur Faltschnal Alm (Einkehrmöglichkeit) und dann links über einen Waldweg abwärts zur Lazinsalm. Von dort geht es gemütlich zurück nach Pfelders zum Ausgangspunkt (Gehzeit ca. drei bis vier Stunden).

◀ Im hintersten Winkel des Passeiertals ... ▲ ... liegt das 150-Seelen-Dorf Pfelders ▼ Haltepunkte an der Timmelsjoch-Hochalpenstraße

DIE FAMILIE HOFER ÜBERRASCHT in ihrem Hofschank am Steinerhof in Pfelders mit hofeigenen Produkten und einer reichhaltigen Speisekarte mit traditionellen Produkten und innovativ interpretierten Gerichten (Pfelders 10/d, 39013 Moos in Passeier, Tel. +39/340/5478603, steinerhof.eu)

TIMMELSJOCH HOCHALPENSTRASSE

Einst war es nur ein Saumpfad, der das italienische Passeiertal mit dem österreichischen Ötztal verbunden hat. Über Jahrtausende wurden hier die natürlichen Grenzen der Berge von den Menschen überwunden. Heute führt eine atemberaubende Hochalpenstraße auf das 2509 Meter hoch gelegene Timmelsjoch.

An mehreren Haltepunkten informieren Architekturskulpturen den Reisenden über Natur, Geschichte, Kultur, Gesellschaft und Wirtschaft der Region und erweitern seinen Horizont. Das **Erlebnis-Straßenprojekt »Timmelsjoch Erfahrung«** lädt »in unserer hektischen Zeit zur Wiederentdeckung der Langsamkeit abseits der Hauptverkehrsrouten ein«. Die »heimliche Lücke« in den Alpen erschließt dem Reisenden die Welt des Hochgebirges auf unbeschwerte Weise. Die Straße eröffnet vielen

15

Menschen die besonderen Reize der Natur, lässt die Gletschernähe und den Jochwind spüren, zeigt aber auch einen Hauch rauer Wirklichkeit der Berglandwirtschaft. Man kann sich ganz dem Fahrspaß und Kurvenfeeling hingeben. Trotzdem animiert die herrliche Aussicht an zahlreichen Stellen immer wieder zum Anhalten und Verweilen.

Die Fahrt über das Timmelsjoch ist aber auch eine Reise durch die Vegetationszonen. Das Spektrum reicht von satten Almwiesen, blühenden Almrosen und sturmerprobten Zirbenbäumen bis hin zu karger Hochgebirgslandschaft mit Schneefeldern im Hochsommer.

Fünf markante, an die Landschaft angepasste Skulpturen laden Radler und Fahrer zum Innehalten ein. Ein Steg in luftiger Höhe, die Aussichtsplattform Granat und ein gigantisches Fernrohr ermöglichen den Blick auf das Ötztal, das Passeiertal und auf den Naturpark Texelgruppe. Ein begehbarer Würfel beleuchtet das einst blühende Schmugglerwesen und das **Passmuseum** erzählt von den Pionieren der Hochalpenstraße. Alle Stationen der Timmelsjoch Erfahrung können kostenlos besichtigt werden. Im September 2018 wurde zur 50-Jahr-Feier der Timmelsjochstraße die **museale Struktur Timmel-Transit** in Moos in Passeier eingeweiht. Sie ergänzt das Passmuseum und das gesamte Museumskonzept der Timmelsjoch-Erfahrung. Untergebracht ist sie in einer ehemaligen Kaserne von 1930. Schwerpunktthema ist die Straßenbaugeschichte der Timmelsjochstraße auf Südtiroler Seite.

Tipp

Die Psairer Bio-Bergkäserei produziert eine gute Auswahl an Bio-Käse aus Milch von den Passeirer Bauernhöfen, mit handwerklicher Produktion und garantiert geschmackvoller und echter Bio-Qualität (St. Martin in Passeier, Handwerkerzone Lahne 7/1, Tel. +39/0473/448710, psairerbergkaeserei.com).

IN DER PSAIRER BERGKELLEREI keltert Konrad Pixner die Trauben aus seinen Weinbergen an den warmen Südhängen der Bergketten. Für ihn ist das »der Beginn einer spannenden Geschichte. Einer Geschichte voller Abenteuer und Emotionen« (Dorfstraße 37, 39010 St. Martin in Passeier, Tel. +39/347/9982554, bergkellerei.it).

AUF EINEN BLICK

Info

STADT/REGION: Passeiertal
BESTE REISEZEIT: 2–3 Tage
OPTIMALE REISEDAUER: Ganzjährig
TOURISTINFO: Tourismusverein Passeiertal, Passeirerstraße 40, 39015 St. Leonhard in Passeier, Tel. +39/0473/656188, merano-suedtirol.it

SEHENSWÜRDIGKEITEN

MUSEUM PASSEIER: Passeirerstraße 72, St. Leonhard in Passeier, Tel. +39/0473/659086, museum.passeier.it
MUSEUM HINTERPASSEIER: Dorf 29a, Moos in Passeier, Tel. +39/0473/648529, museum.hinterpasseier.it

CAMPING PASSEIER MERAN

ADRESSE: Pseirerstraße 10, 39010 Saltaus, Tel. +39/0473/645454, campingpasseiermeran.com

Die Lazinsalm – ein lohnendes Ausflugsziel von Pfelders aus

◀ Campingplatz in Saltaus im Passeiertal ▶ Kapelle am Jaufenpass

ANFAHRT: Brenner-Autobahn A22, Ausfahrt Sterzing, SS44 Richtung Jaufenpass, Walten, St. Leonhard im Passeiertal, St. Martin im Passeiertal, Saltaus, links abbiegen. Achtung: Die kurvige Passstraße über den Jaufenpass ist nur bei schönem Wetter und für geübte Fahrer empfehlenswert. Es besteht ein Fahrverbot für alle Fahrzeuge mit Gespannen von über 4,5 m Länge. Alternative: Brenner-Autobahn A22, Bozen Ausfahrt Süd, Schnellstraße MeBo, Ausfahrt Meran Süd, Richtung Passeiertal/Jaufenpass, Saltaus, nach Ortsschild rechts abbiegen.

GPS: 46.72842, 11.20220

Das Rauschen der Passer im Ohr, der Gipfel des Hirzer im Blickfeld, Apfelhaine ringsum – der 1,2 ha große Campingplatz im Passeiertal punktet mit entspannter und familiärer Atmosphäre. Ob Aktivurlaub oder Familienurlaub – der Campingplatz liegt ideal, um Südtirols traumhafte Natur und die Kurstadt Meran zu entdecken. Seine Stärken: sonnige und ruhige Lage, parzellierte und nicht parzellierte Wiesenzeltplätze (80–100 m²) auf Panoramaterrassen, private, moderne Mietbäder samt Dusche/WC, großzügiges, teils überdachtes Schwimmbad samt Kinderbecken, Beauty & Spa-Bereich, Café/Bistro/Pizzeria mit italienischen Spezialitäten, Camping-Supermarkt mit lokalen Produkten. Zahlreiche Sportmöglichkeiten: Seilbahn ins Hirzer-Wandergebiet (200 m), Fahrradweg (200 m), Landeplatz für Paragleiter (400 m), Kanufahren und Rafting auf der Passer (200 m), Tennisplatz (200 m) … bis nach Meran sind es nur 9 km.

LANA UND ULTEN

Urbanes Flair und Traditionsverbundenheit

Im Ultental: unberührte Natur, blumenübersäte Almwiesen und Bergseen

Das Ultental hat durch die Jahrhunderte hindurch seinen ursprünglichen Charakter bewahren können. Unberührte Natur, Traditionsverbundenheit und alte Bauernkultur geben hier den Ton an. Lana ist die größte und älteste Apfelanbaugemeinde Südtirols und bietet mit ländlicher Idylle und urbanem Flair ein vielfältiges Freizeit- und Kulturangebot.

Das Ultental zweigt bei Lana vom Burggrafenamt ab und zieht sich parallel zum Vinschgau rund 40 Kilometer lang von Westen nach Osten. Die Gemeinde erstreckt sich von 940 bis auf 1800 Meter Meereshöhe. Die höchste Erhebung ist die Hintere Eggerspitze mit 3442 Metern. Die Gemeinde mit knapp 3000 Einwohnern umfasst die Ortschaften **St. Gertraud, St. Nikolaus, St. Walburg und Kuppelwies**. **St. Pankraz** am Anfang des Tals bildet eine eigene Gemeinde.
Zahlreiche Zeugen der Vergangenheit – das Tal war bereits rund 1000 Jahre v. Chr. besiedelt – sind im **Ultner Talmuseum in St. Nikolaus** zu sehen. Besonders charakteristisch im Tal sind die alten Bauernhöfe, die an den steilen Hängen in teils schwindelerregenden Höhenlagen verstreut liegen. Eine Wanderung am **Ultner Höfeweg** oder dem Karrenweg gibt einen bewegenden Einblick in das bäuerliche Leben längst vergangener Zeiten.

Tipp

Die kulinarische Veranstaltungsreihe Ultner Genuss – ein kulinarischer Höhepunkt im Jahresverlauf – lädt im Sommer zur Verkostung regionaler Spezialitäten an den verschiedensten Plätzen inmitten der Ultner Natur. Bauern präsentieren ihre Qualitätsprodukte auf dem Bauernmarkt, Gastwirte kredenzen ihre besten Gerichte.

ULTNER URLÄRCHEN

Bei St. Gertraud, auf 1425 Metern Meereshöhe, stehen am Rande eines Bannwalds drei knorrige, riesige Urlärchen, deren Alter auf **mindestens 850 Jahre** geschätzt wird. Die drei gehören zu den ältesten Nadelbäumen Europas. Die höchste von ihnen ist 36,5 Meter hoch und hat einen Stammumfang von sieben Metern. Die dickste Lärche misst über 8,30 Meter im Umfang. Nachdem die drei Lärchen auch als Unterschlupf für Marder und

16

Fledermäuse dienen, werden sie im Volksmund auch Fledermauslarchen genannt. 1979 unter Schutz gestellt und stabilisiert, zählen sie heute zum Weltnaturerbe.

Unterhalb von St. Gertraud beginnt ein 30-minütiger Spaziergang, der zu den Urlärchen führt. Eine dreisprachige Schautafel erzählt von den uralten Bäumen. Über den Ultner Höfeweg gelangt man von Kuppelwies aus in ca. 2,5 Stunden zu den Urlärchen.

RUNDWANDERUNG ZOGGLER STAUSEE

Der drei Kilometer lange und bis zu 650 Meter breite Zoggler Stausee liegt zwischen St. Walburg und Kuppelwies. Die Falschauer versorgt den See mit klarem Gebirgswasser und färbt seine türkisblaue Wasseroberfläche. Sein kaltes und sauerstoffreiches Wasser sorgt für Fischreichtum und begeistert passionierte Angler. Die Fischereilizenz gibt es gegen Gebühr im Tourismusbüro St. Walburg, die erforderliche Tageskarte kann beim Hotel Seerast oder beim Gasthof Eggwirt in St. Walburg erworben werden. Der Zoggler Stausee ist das ganze Jahr über ein beliebtes Ausflugsziel. Im Winter führt eine Teilstrecke der 25 Kilometer langen Panoramaloipe am Seeufer entlang. Ein Kneippweg mit sechs Stationen begeistert im Sommer kleine und große Wanderer. Wanderwege führen hinauf zu den Berggipfeln des Nationalparks Stilfser Joch. Eine aussichtsreiche Bergtour startet vom Simianhof über die Kofelrastseen zum Hohen Dieb.

◀ Alte Mühle … ▶ … und Pfarrkirche in St. Nikolaus im Ultental

Der Zoggler Stausee ist immer ein beliebtes Ausflugsziel.

Im Herbst tischen die Ultner Gastwirte im Rahmen der Ultner Spezialitätenwochen Lammfleisch auf, umrahmt von Veranstaltungen rund um das Thema Thema Schaf und Schafwolle. Der Almabtrieb der Schafe wird mit einem großen Fest gefeiert. Beim Kuppelwieser Markt werden Produkte rund ums Ultner Schaf angeboten.

APFELPARADIES SÜDTIROL

Jeder zweite in Italien geerntete Apfel stammt aus Südtirol. Jedes Jahr werden hier an die 950 000 Tonnen Äpfel geerntet, das sind 50 Prozent der italienischen und zehn Prozent der europäischen Apfelernte. Das Südtiroler Obstbaumuseum in Lana gewährt detaillierte Einblicke in die Geschichte, das Brauchtum und die Arbeit der Obstbauern.
Der Obstanbau hat in vielen Gegenden Südtirols eine lange Tradition. 7000 Obstbauern kümmern sich heute auf einer Fläche von 18 500 Hektar um den Anbau des Südtiroler Apfels. Rund die Hälfte der geernteten Äpfel wird in Europa und den arabischen Ländern verkauft. Mit 30 Prozent der Exporte hat Deutschland den größten Appetit auf Südtiroler Äpfel.
Im mittelalterlichen Ansitz Larchgut werden die Besucher auf einer Ausstellungsfläche von 1000 Quadratmetern über die Geschichte und die wirtschaftliche Bedeutung des Obstbaus in Südtirol informiert. Der Ansitz mit seinem Wohnturm wurde erstmals im Jahr 1301 urkundlich erwähnt. Um 1530 wurde ein gotischer Anbau hinzugefügt, der sich über drei Stockwerke erstreckt.

Sommerfrische auf der Alm: Hier fühlen sich auch die Kühe wohl.

Die ältesten Ausstellungsstücke im Museum stammen aus dem Weinbau, dem Ackerbau und der Viehzucht. Darunter befindet sich **die älteste Weinpresse Südtirols** aus dem Jahr 1570. Trachten, Gebrauchsgegenstände und religiöse Kleinkunst spiegeln die einstige bäuerliche Lebensform wider. Der Aufschwung des erwerbsmäßigen Obstbaus in Südtirol erfolgte erst nach der Urbarmachung des versumpften Etschtals im 19. und 20. Jahrhundert. 60 informative Schautafeln führen durch das Museum, erläutern die Entwicklung des Obstbaus und erzählen vom Brauchtum und Alltagsleben im 19. Jahrhundert. Eigene Schwerpunktthemen sind dem Frostschutz, der Bewässerung und dem Pflanzenschutz gewidmet. Der Einsatz neuer Medien und zeitgenössischer Anschauungsmodelle ermöglicht es dem Besucher, sich auf unterhaltsame und informative Weise mit dem Thema zu beschäftigen. Im Stadel des Anwesens werden Transportmittel, Geräte und Maschinen im Wandel der Zeit vorgestellt.

Tipp

Die Pfarrkirche von Niederlana zählt zu den schönsten Werken der Südtiroler Spätgotik. Der aus dem 16. Jahrhundert stammende prächtige Flügelaltar von Hans Schnatterpeck ist weit über die Landesgrenzen hinaus bekannt. Mit seinen 14 Metern Höhe und 7 Metern Breite stellt er das größte Triptychon im gesamten Alpenraum dar.

16

DAS AUTOFREIE VIGILJOCH am Nördersberg oberhalb von Lana ist ein kleines, naturbelassenes Wanderparadies auf 1700 Metern Höhe. Mit der Seilbahn geht es von Lana aus in acht Minuten hinauf auf die 1490 Meter hoch gelegene Bergstation. Die Gegend ist bei Familien, Naturliebhabern und Mountainbikern gleichermaßen beliebt (vigiljoch.com).

ERLEBNIS KRÄNZELHOF

Weinberge, ein mittelalterlicher Ansitz und sieben Gärten: Ein für Südtirol einzigartiges Ensemble vereint sich am Kränzelhof in Tscherms bei Meran. Ein **Labyrinthgarten aus Rebstöcken** bildet das Herz der Anlage. Kunstwerke und lebendige Installationen fügen sich nahtlos ins Gelände. »Die erste Obstanlage wurde 2004 gerodet. Der Irrgarten, die Modellierung

▲ Blumenschmuck im Ultental ▼ Sonnenterasse im vigilius-mountain-resort am Vigiljoch ▶ Der Ansitz Kränzelhof in Tscherms

der Landschaft und punktuelle Bepflanzungen waren der Beginn«, berichtet Franz Graf Pfeil. Hinter seinem Projekt stand »der Wunsch, etwas zu schaffen, das mir und meiner Familie nachhaltig Freude bereitet und meine Tätigkeit als Winzer und Kellermeister sinnvoll ergänzt«. Die mittlerweile **insgesamt sieben Gärten** bilden eine lebendige, 20 000 Quadratmeter große Installationsskulptur. Der Weg führt – mit vielen Impulsen und offenen Fragen – durch den Garten des Vertrauens (Vertraue ich, kann ich mich spontan entscheiden?), den Garten der Sinnlichkeit (Was sehe, rieche, höre ich …), den Labyrinthgarten (Unser Gehirn ist ein Labyrinth. Wir können uns leicht in Gedanken, Emotionen, Wahrheiten verlieren. Wie finde ich wieder heraus …?), das Amphitheater (Welche Rollen spiele ich? Welche Masken trage ich?), den Garten der Liebe (Die Liebe will gepflegt werden wie ein Garten.), den Yin & Yang Garten (Hell und Dunkel, alles ist in uns) und den Weingarten (die Basis für die Weinkunstwerke im 800 Jahre alten Weingut). »Die Besucher werden nicht mit konkreten Aussagen konfrontiert und in vorbestimmte Denkbahnen geleitet. Sie werden vielmehr gedanklich angeregt und belebt. So können sie Zeit und Alltag vergessen, können sich versenken, sich öffnen, mögen fliegen – ganz wie ihnen zumute ist«, bringt Franz Graf Pfeil seine Vision auf den Punkt. »Wir sprechen Menschen an, die intelligente Entspannung suchen, die Natur, Kunst und Wein genießen.« Führungen durch den Garten, Meditationsübungen und individuell gestaltete Weinproben stehen auf dem Programm.

◀ Schwemmalm in Ulten ▶ Restaurant Miil in der alten Mühle des Kränzelhofs

Ein alter Bauernhof im Ultental in schwindelerregender Höhe

IN DER ALTEN MÜHLE des Kränzelhofs lädt der passionierte Küchenchef Othmar Raich zu Geschmackserlebnissen der besonderen Art. Die Speisekarte wird von den Jahreszeiten geschrieben (Restaurant Miil, Gampenstraße 1, 39010 Tscherms, Tel. +39/0473/563733, miil.it).

DIE BIERBRAUEREI FORST wurde 1857 im Algunder Ortsteil Forst gegründet. Im Forst-Shop findet der Besucher alle Produkte aus der Welt der Spezialbier-Brauerei. Brauereiführungen laden zur Besichtigung ein und der große Braugarten zum Verkosten und Genießen (Brauerei Forst, Vinschgauerstraße 8, 39022 Forst/Algund, Tel. +39/0473/260111, forst.it, Braugarten: Tel. +39/0473/447727, braugartenforst.com).

EINE SENNEREI INMITTEN VON WEINBERGEN, an die 70 Bergbauern liefern täglich ihre Frischmilch. Im hauseigenen Reifekeller haben die Käsesorten Zeit zur vollen Entfaltung ihrer Aromen. Bekannt ist die Sennerei Algund für ihren aromatischen Ziegenkäse, ihren würzigen Graukäse und ihren zarten Wacholderkäse (Sennerei Algund, Mitterplars 29, 39022 Algund, Tel. +39/0473/448710, sennereialgund.it).

AUF EINEN BLICK

Info

STADT/REGION: Lana/Ulten
BESTE REISEZEIT: März bis Oktober
OPTIMALE REISEDAUER: 2–3 Tage
TOURISTINFO: Tourismusgenossenschaft Ultental/Proveis, St. Walburg 104, 39016 Ulten, Tel. +39/0473/795387, merano-suedtirol.it; Tourismusverein Lana, Andreas-Hofer-Straße 9/1, 39011 Lana, Tel. +39/0473/561770, visitlana.com

SEHENSWÜRDIGKEITEN

SÜDTIROLER OBSTBAUMUSEUM: Brandiswaalweg 4, Lana, Tel. +39/0473/564387, obstbaumuseum.it
PFARRKIRCHE LANA: Information Tourismusverein Lana, Tel. +39/0473/561770, lana.info
ERLEBNIS KRÄNZELHOF: Gampenstraße 1, Tscherms, Tel. +39/0473/564549, kraenzelhof.it

LUXURY CAMPING SCHLOSSHOF

ADRESSE: Jaufenstraße 10, 39011 Lana bei Meran, Tel. +39/0473/561469, schlosshof.it
ANFAHRT: Brenner-Autobahn A22, Ausfahrt Bozen Süd/Bolzano Sud, Weiterfahrt auf der Schnellverbindung Meran-Bozen MeBo, nach 20 km Ausfahrt Lana. In Lana Einfahrt Feldgatterweg Nordseite, bei Gasthof Tennis rechts abbiegen.
GPS: 46.61153, 11.168.10

◀ Erlebnisfreibad Acquaviva … ▶ … im Camping Schlosshof

Alpinfitness Waldcamping Völlan: Camping für Naturliebhaber.

Der familiär geführte Luxury Camping Schlosshof in Lana bei Meran überrascht seine Gäste mit Charme und Großzügigkeit auf allen Ebenen. Alle Stellplätze mit Strom-, Frisch- und Abwasser, Kabel-TV, Wireless LAN, Design-Sanitäranlagen für Körper, Geist & Sinne, Erlebnisfreibad Acquaviva mit Wasserfall und separatem Kleinkinderpool, exklusiver Saunabereich. Die Lage mitten in Obstgärten ist ruhig und doch zentral – in nur 10 Minuten Fußweg erreicht man das Ortszentrum von Lana – Meran ist gerade mal 6 km (Bus alle 15 Minuten) entfernt.

ALPIN FITNESS WALDCAMPING VÖLLAN

ADRESSE: Feldweg 25, 39011 Völlan/Lana, Tel. +39/0473/568138, alpinfitness-waldcamping.it

ANFAHRT: Brenner-Autobahn A22, Bozen Ausfahrt Süd, Schnellstraße MeBo, Ausfahrt Lana/Meran, Richtung Lana/Tisens/Gampenpass, Abzweigung rechts nach Völlan.

GPS: 46.59809, 11.14968

Ein Camping für Naturliebhaber: In traumhaft schöner Lage über dem Etschtal, direkt auf den Sonnenterassen des Kobaltbühels in Völlan, erstreckt sich das Campinggebiet über 2,5 Hektar in hügeliger Waldlandschaft. Campingstellplätze von 60 bis 80 m² stehen in großer Auswahl, auf sonnigen Terrassen bis hin zu schattigen idyllischen Waldplätzen, zur Verfügung. Auch die Zeltplätze im Wald sind abwechslungsreich und großzügig angelegt und bieten eine besondere Atmosphäre für Freunde des Naturcampings. Bar und Geschäft, ein großzügig angelegtes Freischwimmbad und ein Waldspielplatz laden ein. Idealer Ausgangspunkt für Wanderungen, Nordic Walking und Mountainbike-Touren.

NATURNS

Burgen, Waalwege und Wellness

Der prähistorische Burghügel von Castel Juval am Eingang des Schnalstals

Naturns liegt im unteren Vinschgau auf 526 Metern, knapp zwölf Kilometer von Meran entfernt. An 315 Tagen im Jahr scheint hier – unter normalen Bedingungen – die Sonne. Anscheinend regnet es nirgendwo sonst in den Ostalpen so selten – nicht einmal zwei Ortschaften weiter.

Die Freundschaft mit der Sonne prägt Land und Leute. Kontrastreich, vielfältig, lebendig und bunt – mit diesen Adjektiven beschreiben die Naturnser selbst ihr Dorf, Südtirols einzigen zertifizierten Alpine-Wellness-Ferienort. Naturns und Umgebung erstreckt sich von der malerischen Ortschaft Plaus bis zu den Ortsteilen Tabland, Tschirland und Staben an der Gebietsgrenze zum Vinschgau. Mit 5500 Einwohnern gehört Naturns zu den größten Gemeinden im Tal. Im Norden erstreckt sich der Sonnenberg, dessen südwärts gerichtete Teilflanke mit ihrer kargen Trockenrasenlandschaft im gesamten Alpenraum einzigartig ist. Traditionelle Bergbauernhöfe prägen das Landschaftsbild ebenso wie die weiten Obstwiesen und der Blick auf die fast 3000 Meter hohen verschneiten Gipfel.

CASTEL JUVAL UND REINHOLD MESSNER

Der Burghügel von Juval am Eingang des Schnalstals hat etwas Besonderes an sich. Hugo von Montalban hat um 1278 das Schloss auf dem prähistorischen Siedlungsplatz erbaut. 1983 hat es die Bergsteigerlegende Reinhold Messner erworben und in ein Museum und seinen privaten Sommersitz verwandelt.

Seine Real-Utopien hat Reinhold Messner sein ganzes Leben lang verwirklicht: von der Besteigung aller 8000er-Gipfel bis zur Durchquerung von Wüsten und Nordpol. Am Juvaler Burghügel hat er sich »den Erhalt und das Beleben der kleinräumigen Südtiroler Kulturlandschaft in einer Symbiose aus Natur, Kultur und Landwirtschaft mit einem attraktiven Gastronomie- und Freizeitangebot« zum Ziel gesetzt.

Im Schloss selbst hat Messner eines seiner sechs Messner Mountain Museen MMM untergebracht und dem Mythos Berg gewidmet. Im Mittelpunkt stehen mehrere Kunstsammlungen: Tibetika, Bilder der Heiligen Berge der Welt, eine Maskensammlung aus fünf Kontinenten, eine Ausstellung zu Gesar Ling, Tantra-Raum und Expeditionskeller.

17

Gleich unterhalb vom Schloss eröffnete Messner den Schlosswirt, eine gemütliche Burgschenke mit bester Südtiroler Küche aus einheimischen Produkten (schlosswirtjuval.it). Das Lokal ist bequem mit dem Juvaler Shuttlebus über die steile und enge Auffahrt zu erreichen. Das Weingut Castel Juval Unterortl wurde mit viel Engagement von der Winzerfamilie Martin und Gisela Aurich aufgebaut und ist heute eines der führenden des Landes. Der Riesling, der hier auf den steilen, steinigen Weinbergen wächst, zählt zu den besten Italiens. In der Hofbrennerei werden sortenreine Grappas und verschiedene Obstbrände gebrannt (unterortl.it).
Am Fuße des Burghügels unten im Tal hat der Vinschger Bauernladen als Vermarktungs- und Vertriebsplattform für die Bauern der Umgebung seine Tore geöffnet (bauernladen.it). Ziel der Trägergenossenschaft ist es, »qualitativ hochwertige Produkte von ausgesuchten Produzenten ohne langen Zwischenhandel dem Endkonsumenten anzubieten«. Mittlerweile bieten die 90 Mitglieder, darunter zwölf zertifizierte Bio-Betriebe, über 800 verschiedene Produkte zum Verkauf.

LATSCHANDER WAALWEG

Der Vinschgau ist eines der trockensten inneralpinen Täler. Das Wasser zur Bewässerung der Felder und Wiesen wurde daher traditionell durch **Bewässerungskanäle, die Waale,** in mühsamer Arbeit von den Seitentälern und den Gletschern über viele Kilometer auf die Felder geleitet.
Einst gab es in Südtirol noch einige Hundert Waale, die zum Teil auch Mühlen und Sägen angetrieben haben. Heute sind diese Waalwege **beliebte Wanderziele** in einer einzigartigen Natur- und Kulturlandschaft. Der rauschende Klang des Wassers bietet Erholung für Geist und Seele. Der 13 Kilometer lange Latschander Waalweg von Latsch nach Schloss Juval führt durch Obstplantagen, Weingärten und Kastanienhaine entlang des Bewässerungskanals am Vinschger Sonnenberg hoch über dem Tal. Start ist am Parkplatz bei der Seilbahnstation in Latsch. Von hier aus geht es hinauf auf den Waalweg nach Kastelbell und Tschars und von dort weiter zum Schloss Juval von Reinhold Messner. Über einen etwas steilen Weg geht es dann bergab ins Tal, direkt zum Bahnhof Staben, von dem aus man mit der Vinschgau Bahn zurück nach Latsch fahren kann (merano-suedtirol.it).

▲ Die Burgruine Hochgalsaun in Kastelbell ◀ Reinhold Messner mit Tochter Magdalena ▶ Waalerschelle am Latschander Waalweg

ST. PROKULUS IN NATURNS

Die kleine Kirche am östlichen Ortsrand von Naturns lässt von außen nicht erahnen, welchen Kunstschatz sie in ihrem Inneren verbirgt. Das im 7. Jahrhundert erbaute frühchristliche St.-Prokulus-Kirchlein wartet mit dem vollständigsten Zyklus früher Wandmalerei in Tirol und den ältesten Fresken Westeuropas auf. Die **einzigartigen Fresken** aus dem vorkarolingischen Zeitalter zählen zu den bedeutendsten Kunstschätzen in Mitteleuropa. Die abgelösten gotischen Fresken aus dem 14. Jahrhundert, die sich über den vorkarolingischen Wandmalereien befanden, werden im angrenzenden Prokulusmuseum ausgestellt. An der südlichen Außenwand ist die Schöpfungsgeschichte dargestellt.

Zeit zum Genießen muss man sich in Südtirol immer wieder nehmen.

ERHOLUNG UND SPASS für die ganze Familie bietet das Erlebnisbad Naturns – als Abkühlung an einem Sonnentag oder einfach nur zum Entspannen. Neben dem Hallenbad befinden sich im Freien ein Erlebnisbad mit wohlig-warmen 30 Grad Celsius, eine 75 Meter lange Rutsche, ein Kleinkinderbecken und eine große, stufenförmig angelegte Liegewiese mit Spielplatz (erlebnisbad.it).

Tipp

Die Natur erleben, verstehen und bewahren – das ist die Aufgabe des Naturparkhauses Texelgruppe in Naturns. Der größte Naturpark Südtirols ist geprägt von massiven Gegensätzen, von fast schon mediterran anmutender bis schroffer, hochalpiner Landschaft. Hier wird diese Welt spielerisch greifbar, spürbar und sichtbar. Aquarien, Mikroskope und Videofilme geben spannende Einblicke, während die Natur in einem Parcours riechend, tastend und hörend entdeckt werden kann.

IN KASTELBELL lädt das Gourmet-Restaurant Kuppelrain, das einzige Sternelokal im Vinschgau, zu kulinarischen Genüssen ein. Mittags bietet die Familie Trafojer in ihrem Bistro Südtiroler Spezialitäten, abends wird dann groß aufgetischt (Bahnhofstraße 16, 39020 Kastelbell, Tel. +39/0473/624103, kuppelrain.com).

AUF EINEN BLICK

Info

STADT/REGION: Naturns
BESTE REISEZEIT: März bis Oktober
OPTIMALE REISEDAUER: 2–3 Tage
TOURISTINFO: Tourismusgenossenschaft Naturns, Rathausstraße 1, 39025 Naturns, Tel. +39/0473/666077, merano-suedtirol.it

SEHENSWÜRDIGKEITEN

SCHLOSS JUVAL: Tel. +39/0471/631264, messner-mountain-museum.it, geöffnet März–Juni und September–November täglich von 10–16 Uhr, Mittwoch Ruhetag
MUSEUM VASTEL JUVAL: Schloss Juval, Tel. +39/0471/631264, messner-mountain-museum.it,
ST. PROKULUS: St.-Prokulus-Straße, Naturns, Tel. +39/0473/667312, naturns.it
NATURPARKHAUS TEXELGRUPPE: Feldgasse 3, Naturns, Tel. +39/0473/668201, naturns.it

WALDCAMPING NATURNS

ADRESSE: Dornsbergweg Nr. 8, 39025 Naturns, Tel. +39/0473/667298, waldcamping.com
ANFAHRT: Von Bozen/Meran kommend beim Kreisverkehr in Naturns Ost ausfahren. Am Dorfeingang an der Ampelanlage geht es nach links bis zur Brücke über die Etsch. Die nächste Ausfahrt in den Dornsbergerweg führt zum Ziel.
GPS: 46.64340, 11.00679

In einem Mischwald am Rand von Naturns entstand 1969 ein neuer Campingplatz: der Waldcamping Naturns. Auf einer Fläche von 3,3 Hektar bietet Familie Tribus ihren Gästen alles, was sie zu einem erholsamen Aufenthalt brauchen: unter anderem ein Lebensmittelgeschäft, einen gemütlichen Aufenthaltsraum mit Grill, saubere Dusch-, Wasch- und Toilettenräume sowie ein neues Erlebnisbad mit Abenteuerspielplatz für die Kleinen. Bis ins Dorfzentrum von Naturns sind es 500 Meter.

Gletscherbahn und Ötzi-Fundstelle

In sechs Minuten mit der Gletscherbahn hinauf zur Bergstation auf 3212 Meter

18

Das urige und wildromantische Schnalstal zweigt beim Schloss Juval in Kastelbell nach Norden ab und führt bis zu den mächtigen Gletschern des Hochjochferner im Talschluss. Steile Bergwände ragen dazwischen in den Himmel. Von den Hängen grüßen jahrhundertealte Bauernhöfe.

Über Jahrhunderte prägte ein karger Alltag das bäuerliche Leben im abgeschiedenen Tal. Erst mit dem Bau der **Schnalstaler Gletscherbahn** im Jahr 1972 begann allmählich der Fremdenverkehr. Unter der Federführung des Schnalser Unternehmers Leo Gurschler fand 1972 die Gründung der Gletscherbahn AG Schnalstal statt. Nach technisch schwierigen und aufwendigen Bauarbeiten an der Grawand, die zum Teil von Leo Gurschler selbst durchgeführt wurden, feierten die Schnalstaler Gletscherbahnen schließlich am 12. Juli 1975 mit der Jungfernfahrt der Seilbahn ihre Eröffnung. Mit dem Bau der Gletscherbahn wurde der Hochjochferner als Skigebiet erschlossen. Die am Fuße des Gletschers gelegene kleine Siedlung Kurzras bestand einst aus wenigen Bauernhöfen. Sie wurde zum Sportdorf ausgebaut.

Das Schnalser Gletscherskigebiet an der **Grenze zwischen Österreich und Italien** ist ein wahres Eldorado für Wintersportbegeisterte. Zum Skifahren und Snowboarden auf einer Höhe von 2011 bis 3212 Metern stehen 42 Kilometer Pisten zur Verfügung. Elf Lifte befördern die Gäste. Die Schnalstaler Gletscherbahn erschließt den Hochjochferner. Die **höchste Seilbahn Südtirols** bringt die Gäste in nur sechs Minuten hinauf zur Bergstation Grawand auf 3212 Meter. Ganz in der Nähe liegt dort beim Tisenjoch die Fundstelle von Ötzi.

Das am dünnsten besiedelte Tal Südtirols bietet aber nach wie vor Ruhe und Ursprünglichkeit inmitten einer beeindruckenden hochalpinen Gebirgslandschaft.

IM SCHNEE DES GLETSCHERSKIGEBIETS

Im Gletscherskigebiet Schnalstal finden Aktivurlauber und Familien alle Zutaten, um einen unvergesslichen Wintertag in der freien Natur so richtig zu genießen: ein einmaliges Skigebiet, erstklassige hochalpine Unterkünfte, ein atemberaubendes Panorama auf die 3000er-Gipfel der Umgebung.

18

Vom großzügigen Parkplatz an der Talstation in Kurzras geht es in wenigen Minuten mit der Seilbahn direkt hinauf zur Bergstation im Gletschergebiet. Das schneesichere Gletscherskigebiet bietet seinen Besuchern bestens präparierte Skipisten und Abfahrten aller Schwierigkeitsgrade. Inmitten der Gletscherwelt des Schnalstals finden sich breite Skipisten für Anfänger und Genuss-Skifahrer, die ideal zum Carven sind. Daneben gibt es die schwarzen Pisten für erfahrene Ski-Asse und eine acht Kilometer lange Abfahrtsstrecke direkt ins Tal. Nicht zufällig trainieren hier jedes Jahr die National-Skiteams verschiedener Nationen.
Snowboarder können am Glacier Funpark zeigen, was sie können, und Rodler erfreuen sich an der kurvenreichen Rodelbahn Lazaun.

Tipp

An der Bergstation der Gletscherbahn liegt auf 3212 Metern das Glacier Hotel Grawand, das höchstgelegene Berghotel Europas. Von hier aus blicken Besucher auf die 3000er Weißkugel, Wildspitze und Similaun. Zwischen Similaun und Finailspitze ruhte 5300 Jahre lang die Gletschermumie Ötzi (grawand.com).

Die Ötzi-Fundstelle am Hauslabjoch in den Ötztaler Alpen im Schnalstal

Almidylle: Tausende von Schafen auf den Schnalstaler Hochalmen

AUF ÖTZIS SPUREN

Wer wissen möchte, wie Ötzi, der berühmte Mann aus dem Eis, vor über 5300 Jahren gelebt hat, für den ist der ArcheoParc im Schnalstal genau die richtige Adresse. Hier können die Besucher selbst jungsteinzeitlich aktiv werden, Bogen schießen, töpfern, Leder verarbeiten oder beim Kupferschmelzen zuschauen.

Bereits die ungewöhnliche Architektur des ersten archäologischen Aktivmuseums Südtirols in Unser Frau im Schnalstal auf 1500 Metern Meereshöhe fällt auf: Konstruktion, Form und Material des Niedrigenergiehauses wurden analog zu den jungsteinzeitlichen Hausrekonstruktionen entwickelt. Im rund 4000 Quadratmeter großen Freigelände des Museums stehen drei im Maßstab 1:1 rekonstruierte Modelle jungsteinzeitlicher Hütten. Hier wachsen Bäume, Sträucher und Wildpflanzen, die schon der Gletschermann vorfand. Versuchsfelder sind mit Getreide und Hülsenfrüchten eingesät, die bereits die Menschen der Jungsteinzeit angebaut haben. Ein Fischteich, ein Bogenschießstand sowie Lehmkuppelöfen gehören ebenfalls dazu. Die Besucher erleben hautnah die rauchigen Hütten bei offenem Feuer und die Tätigkeiten, denen die Menschen in der Jungsteinzeit nachgegangen sind. Bei interessanten Mitmach-Angeboten können sie selbst ausprobieren, wie es sich vor fünf Jahrtausenden gelebt hat. Das Aktivitätenprogramm ist im Eintrittspreis inbegriffen und wechselt ständig. Vom Freigelände aus können die Besucher zudem einen Blick auf das Tisenjoch werfen, wo die Gletschermumie Ötzi im Jahr 1991 gefunden wurde.

Herbststimmung am idyllisch gelegenen Vernagt-Stausee im Schnalstal

Das Angebot der Erlebniswelt wird von einer **Dauerausstellung über Ötzi** und seine Zeitgenossen umrahmt. Auf drei Ebenen führen Texttafeln, Bilder, originalgetreue Rekonstruktionen der Bekleidung und der Ausrüstungsgegenstände, Filme, Dioramen und eine 3-D-Multivisionsshow in die Welt der Jungsteinzeit und des Manns aus dem Eis. Die Gletschermumie selbst liegt in einer Kühlzelle im Archäologiemuseum in der Museumsstraße in Bozen. Dort gehen die Angebote für die ganze Familien weiter …

VERNAGT-STAUSEE

Im smaragdgrünen Wasser des idyllisch gelegenen Vernagt-Sees spiegeln sich die umliegenden Bergspitzen. Ein **Naturparadies der besonderen Art** in einem der landschaftlich schönsten Plätze des Schnalstals. Auch wenn der See ein Stausee ist, dessen Bau viele Veränderungen in das Tal gebracht hat. Allein acht Bauernfamilien mussten dem Stausee weichen und zum Teil das Tal verlassen. 1964 wurde der 64 Meter hohe und 480 Meter lange Staudamm in seinen endgültigen Ausmaßen fertiggestellt. Wenn im späten Frühjahr das Wasser im See seinen Tiefststand erreicht, ragt der Turm der 1727 erbauten und dem heiligen Nepomuk geweihten Leiterkirche – ähnlich wie der Kirchturm am Reschensee – in den Himmel.

AM UFER DES VERNAGT-STAUSEES entlang führt ein idyllischer, sieben Kilometer langer Weg, der zu einer lohnenden, etwa zwei Stunden langen Seerundwanderung einlädt. Start und Zielpunkt ist das Dorf Vernagt. Historische Fotos der überfluteten Ebene mit ihren Höfen hängen in der Leiterkirche in Vernagt (schnalstal.it).

KLOSTERDORF KARTHAUS

Einen Besuch lohnt das ehemalige Kartäuser-Kloster, die Kartause Allerengelberg auf 1300 Metern. Das Leben im Dorf spielt sich seit Jahrhunderten in den Klostermauern des ehemaligen Kartäuserklosters ab, das im Zuge der Josefinischen Reform aufgelöst und in Folge von den Bewohnern der Umgebung genutzt wurde. Diese ganz besondere Dorfgeschichte in Klostermauern wird vom Kulturprojekt Silentium aufgegriffen, das der Schnalser Kulturverein ins Leben gerufen hat. Das audiovisuelle Projekt begibt sich auf die Spuren der Mönche, die einst hier

Im ehemaligen Kartäuser-Kloster der Kartause Allerengelberg auf 1300 Metern

◀ Schnalstaler Original: alte Nudelpresse für die Schnalstaler Nudeln
▲ Im archeologischen Aktivmuseum ArcheoPark ▼ Knödelsuppe

lebten, arbeiteten und beteten. Eine Videoprojektion im alten Kreuzgang erklärt, warum der Graf von Tirol im Jahr 1535 hier im kaum zugänglichen Schnalstal das Kloster gründete und warum die Mönche, die hier lebten, sich das Gebot der Stille auferlegten. 22 Bilder im öffentlichen Raum und ein zeitgenössisch gestalteter Brunnen erzählen vom Leben im Kloster. Teil von Silentium ist auch die Via Monachorum, ein kontemplativer Wanderweg, der aus mehreren Richtungen nach Karthaus führt. Entlang der Via Monarchorum finden sich philosophische Zitate zur Stille und Ruhe, die zur Reflexion einladen. Der renovierte Kreuzgang beherbergt Kunstausstellungen. Der meditative Kräutergarten lädt zum Entspannen.

GENUSS AUF HÖCHSTEM NIVEAU bietet die Küche des Oberraindlhofs. Die feine Südtiroler Küche kombiniert alte traditionelle Rezepte mit modernen Einflüssen, hochwertig, raffiniert und trotzdem bodenständig. Hauptaugenmerk liegt auf der Verwendung regionaler Produkte, am liebsten jene aus dem Schnalstal (Raindl 49, 39020 Schnalstal, Tel. +39/0473/679131, oberraindlhof.com).

AUF EINEN BLICK

Info

STADT/REGION: Schnalstal
BESTE REISEZEIT: Mitte Dezember bis Ende Oktober
OPTIMALE REISEDAUER: 2–3 Tage
TOURISTINFO: Tourismusverein Schnalstal, Karthaus 42, 39020 Schnals, Tel. +39/0473/679148, merano-suedtirol.it

SEHENSWÜRDIGKEITEN

ARCHEOPARC SCHNALS: Unser Frau 163, Schnals, Tel. +39/0473/676020, archeoparc.it
KARTAUSE ALLERENGELBERG: Karthaus, Schnals, schnalstal.com

WOHNMOBILSTELLPLATZ CARAVAN PARK SCHNALS

ADRESSE: Kurzras, 39020 Schnals, Tel. +39/334/8882589, caravanpark-schnals.com
ANFAHRT: Brenner-Autobahn A22, Ausfahrt Bozen Süd/Bolzano Sud, Schnellstraße MeBo nach Meran, weiter Richtung Naturns, Umfahrungsstraße und durch Tunnel, dann rechts ins Schnalstal.
GPS: 46.75415, 10.78371
Am Fuße des Schnalstaler Gletschers liegt auf 2010 Höhenmetern der höchstgelegene Camperstellplatz Europas. Der Caravan Park Schnals ist in die atemberaubende Berglandschaft des hinteren Schnalstals eingebettet. Besonders attraktiv ist hier Wintercamping, denn direkt vom Stellplatz kann ins Skivergnügen im Skigebiet Schnalstaler Gletscher gestartet werden. Im Sommer ist der Campingplatz idealer Ausgangspunkt für Familienwanderungen und hochalpine Gebirgstouren. Olympiahallenbad mit Sauna in der Nähe. Das Zentrum von Kurzras ist zu Fuß erreichbar.

VINSCHGAU

Auf der Via Claudia Augusta

Das Renaissanceschloss Churburg in Schluderns geht auf das Jahr 1259 zurück.

19

Der Vinschgau ist geprägt von einer großen kulturellen Vielfalt und von historischen Zeugnissen aus vielen Epochen. Jahrhundertealte Waalwege durchkreuzen die steilen Hänge. Zahlreiche Wanderwege laden in den Nationalpark Stilfserjoch und ein dichtes Netz an Mountainbike-Trails und Radwegen schlängelt sich durch die prägnante Kulturlandschaft.

Glurns erhielt um 1290 zu Zeiten Meinhards II. von Tirol das Marktrecht. Als Festung und als Handelsplatz spielte das Städtchen im Lauf der Zeit eine wichtige Rolle. Heute ist **Glurns die kleinste Stadt der südlichen Alpen**, ein Ort voller Überraschungen und voll von kleinen, historischen Kostbarkeiten.

Die historische Kleinstadt liegt auf 907 Metern Meereshöhe unterhalb des Tartscher Bühels. Die Stadt hat sich im Lauf der Jahrhunderte kaum verändert und bis herauf in unsere Tage ihren mittelalterlichen Charakter und Charme bewahrt. Die alten Stadtmauern mit den drei Stadttürmen und einer ganzen Reihe von Wehrtürmen umschließen die malerischen Gassen und Winkel der Stadt, noble Bürgerhäuser aus dem 16. Jahrhundert und die verschlafenen Laubengänge.

Die Gegend war schon zur Römerzeit besiedelt, lag hier doch ein bedeutender Verkehrsknotenpunkt an der **Handelsroute Via Claudia Augusta**. In der Calvenschlacht im Engadiner Krieg von 1499 wurde Glurns fast vollständig zerstört. Auf Befehl Kaiser Maximilians wurde die Stadt wieder aufgebaut und mit 10 Meter hohen Ringmauern umgeben. Die Stadt verarmte aber allmählich und aus den Bürgern wurden Bauern. Naturkatastrophen, Überschwemmungen und Brände verstärkten den Niedergang.

Bereits 1291 setzte Meinhard II. in Glurns den Bartholomäusmarkt zum 24. August ein. Gehandelt wurde auf dem zehn Tage andauernden Markt mit Salz aus dem Inntal, mit Wein aus dem Veltlin sowie mit Schafen und Getreide. Noch heute findet alljährlich im August der **Bartholomäusmarkt** und im November der weitum bekannte **Sealamorkt** statt.

Die außerhalb der Stadtmauern gelegene gotische Pfarrkirche ist dem hl. Pankratius geweiht. Der Stadtplatz mit den beiden großen Rosskastanienbäumen ist das Bindeglied zwischen Unter- und Oberstadt und lädt zum Verweilen ein.

19

IM KIRCHTORTURM in Glurns wurde 2011 eine Dauerausstellung des berühmten Glurnser Künstlers und Karikaturisten Paul Flora unter dem Motto »Paul Flora – Leben und Werk« eröffnet. Im Torturm wird die Geschichte von Glurns anschaulich dokumentiert und thematisiert (glurns.eu).

DER FLURINSTURM aus dem 13. Jahrhundert gehört zu den ältesten noch erhaltenen Gebäuden der Stadt Glurns. 2018 eröffnete die Familie Ortler im Turm ein ganz besonderes Restaurant: das Flurin – mit Bar und spannender traditionell-kreativer Küche (flurin.it).

HÖCHSTGELEGENE BENEDIKTINERABTEI EUROPAS

Das **Kloster Marienberg**, die höchstgelegene Benediktinerabtei Europas, liegt weithin sichtbar auf 1340 Metern über dem Dorf **Burgeis** im oberen Vinschgau. Seit über 800 Jahren leben hier Mönche nach der Regel des hl. Benedikt – ein wichtiger religiöser, kultureller und wirtschaftlicher Bezugspunkt.

Das Kloster ist eine Gründung der Edlen von Tarasp aus dem Schweizer Engadin und wurde im 12. Jahrhundert erbaut. Beeindruckendes Zeugnis aus jener Zeit ist das unverändert erhaltene steingerahmte romanische Rundbogenportal, durch das man die Klosterkirche betritt. Die Kirche hatte bereits einen Vorgängerbau. Bei Ausgrabungen kamen Gräber zum Vorschein, in denen sich langobardischer Schmuck befand. Ihr heutiges barockes Aussehen erhielt die Klosterkirche in der Zeit zwischen 1643 und 1648. Sie ist die einzige **dreischiffige Pfeilerbasilika** des Vinschgaus. Wertvoll sind die um 1400 entstandene Steinplastik Maria mit Kind, das Außenfresko neben dem Eingangsportal und die Fresken und Stuckaturen im Stil der Wessobrunner Schule im Inneren.

Kunsthistorisch einmalig ist die 1160 vom Churer Bischof geweihte Krypta mit ihren romanischen Fresken mit byzantinischem Einfluss. Unter den einzigartigen Engelsdarstellungen beteten bereits die ersten Mönche ihr Chorgebet. Die Fresken sind eines der größten Zeugnisse romanischen Kunstschaffens im Alpenraum und bestechen durch ihren spirituellen Ausdruck.

▲ ▼ Stadtmauern und Lauben, in Glurns, der kleinsten Stadt Südtirols

▶ Kloster Marienberg in Burgeis thront auf 1340 Metern

Kloster Marienberg war durch die Jahrhunderte hindurch geistiges und kulturelles Zentrum des Oberen Vinschgaus. Im Mittelalter haben die Mönche die Landwirtschaft revolutioniert. Im Kloster wurde das erste Vinschger Paarlbrot, das **Vinschger Ur-Paarl**, gebacken. Und in der historischen Bibliothek finden sich wertvolle Schriften, darunter die Chronik des Mönchs Goswin mit der Geschichte des Stifts und des Landes Tirol bis zum Jahr 1390. Seit 2007 befindet sich im Erdgeschoss des Klosters ein Museum, das Einblick in das Alltagsleben hinter den Klostermauern bietet. Kunstwerke aus verschiedenen Epochen, Texte und Filme erläutern die 900-jährige Geschichte in und um Marienberg.

ERSTE PESTIZIDFREIE GEMEINDE EUROPAS

Einen mutigen Schritt zu einer zukünftigen verantwortungsvolleren Agrarpolitik hat die Bevölkerung von Mals im Vinschgau gesetzt. In einer Volksabstimmung stimmte die große Mehrheit der Bevölkerung für das Verbot von chemisch-synthetischen Pflanzengiften – ein **Beispiel für die Landwirtschaft in Europa**.

Der Turm im Reschenstausee: das Wahrzeichen der Region Obervinschgau

Die Malser Bevölkerung hat nach langjährigem Kampf und vielen Diskussionen im September 2014 mittels Volksabstimmung über ein Verbot von EU-weit zugelassenen chemisch-synthetischen Pestiziden auf dem Gemeindegebiet abgestimmt. Als erste Gemeinde Europas hat Mals in diesem Bereich die Weichen für die Zukunft gestellt und einen wesentlichen Beitrag zur nachhaltigen und gesunden Entwicklung von Gemeinde und Region geliefert (gemeinde.mals.bz.it).

Tipp

In der Bäckerei Schuster (Laatsch 139, 39024 Mals, Tel. +39/0473/831340, schuster.it) gibt es das traditionelle Ur-Paarl, die älteste Variante des Vinschger Paarlbrots. Puni, die erste und einzige Whisky-Brennerei Italiens, besteht seit dem Jahr 2012 in Glurns (Am Mühlbach 2, 39020 Glurns, Tel. +39/0473/835500, puni.com).

TARTSCHER BÜHEL

Kurz vor Mals im Vinschgauer Oberland erhebt sich in der Malser Haide ein kahler, felsiger Rundhügel: der Tartscher Bühel oder Bichl, wie die Tartscher ihren Hügel nennen. Der mystische Platz war schon in vorrömischer Zeit besiedelt und ist historisch und botanisch in jeder Hinsicht bemerkenswert.

Seine abgerundete Form hat der 1077 Meter hohe Glimmerschiefer-Rundbuckel durch Gletschereinwirkung während der letzten Eiszeit erhalten. Die Gletscher haben auch die Flora auf dem Hügel geprägt: Lärchenbewuchs auf der zugänglichen Nordseite, Pflanzen und Sträucher mit steppenartigem Charakter, ähnlich jenem des Vinschgauer Sonnenbergs, auf der Südseite. Einsam und von weitem sichtbar steht die im romanischen Stil gestaltete **St.-Veit-Kirche auf der Hügelkuppe**. Die von einer Steinmauer eingefriedete Kirche wurde gegen Ende des 11. Jahrhunderts auf Vorgängerbauten als einfaches Langhaus mit abgesetzter Rundapsis und Steinplattendach errichtet. Kunsthistorisch bedeutend sind die nur mehr fragmentarisch erhaltenen romanischen Fresken in der Apsis der Kirche aus der Zeit um 1200.

MARMORDORF LAAS

Das weiße Gold aus Laas, der Laaser Marmor aus den **Steinbrüchen von Laas und Göflan**, gehört zum wertvollsten seiner Art. Seine Kennzeichen: ein einheitlicher weißer Grundton und seine Frost- und Witterungsbeständigkeit.
Marmor ist mehr als ein Stein. Marmor ist eine in Jahrmillionen gewachsene natürliche Schönheit, edel in Farbe und Struktur, jeder Block, jedes Stück ein Unikat. Die Vinschgauer sind stolz auf ihren Marmor, der in der ganzen Welt verbreitet ist. Zu den bekanntesten Werken aus **Laaser**

◀ Fachschule für Steinbearbeitung in Laas ▶ Marmorgewinnung

Marmor gehören der Monumentalbrunnen der Pallas Athene vor dem Parlamentsgebäude in Wien, das Denkmal der Queen Victoria vor dem Buckingham-Palast in London und das Heinrich-Heine-Denkmal in New York. Wer durch den Hauptbahnhof von München spaziert, schlendert über Laaser Marmor. Laas selbst ist mit weißen Marmorstücken gepflastert. Aber auch 90 000 Grabkreuze für die im Zweiten Weltkrieg gefallenen US-Soldaten sind aus Laaser Marmor gehauen.

Seit 150 Jahren wird im Jennwandbruch, dem höchsten Marmorstollen Europas auf einer Höhe von 1555 bis 2350 Metern, Marmor gebrochen und zu Tal befördert. Mit dem Jahr 1856 begann im Göflaner Mitterwandlbruch erstmals der systematische Abbau des weißen Natursteins. Der Laaser Marmor-Pionier Josef Lechner hat als erster Bruchbetreiber 1883 im Weißwasserbruch in industrieller Abbauweise Marmor gewonnen. Die Gewinnung erfolgt heute wie in der Vergangenheit in Blöcken. Zum Einsatz kommen dabei modernste Diamantseilsägen, die Blöcke bis zu 20 Tonnen Einzelgewicht zur handelsüblichen Blockgröße aufarbeiten. Die Blöcke werden mit der 1930 erbauten Marmorbahn – einem für damalige Zeiten innovativen technischen Meisterwerk – ins Tal zur weiteren Verarbeitung befördert. In der Fachschule für Steinbearbeitung in Laas erlernen Jugendliche aus dem In- und Ausland das Kunsthandwerk der Bildhauer und Steinmetze.

Der Vinschger Radweg ist Abwechslung pur.

◀ Bauerndorf-Idylle im oberen Vinschgau ▶ Arkadengänge in der Churburg

Tipps

Bei Marmorführungen können Abbau, Verwendung und Mythos rund um den Laaser Marmor hautnah erlebt werden (Laaser Marmorindustrie, Laas, Tel. +39/0473/626342, lasamarmo.it; Göflaner Marmor, Schlanders, goeflanermarmor.it).

Inspiriert durch die Natur und mit dem Bestreben, etwas Besonderes aus den heimischen Früchten zu machen, hat das Schokoladenparadies Venustis im Lauf der Jahre zahlreiche süße Köstlichkeiten kreiert, die Geschichten erzählen (Vinschgaustraße 10, 39023 Laas, Tel. +39/0473/626585, venustis.it).

CHURBURG SCHLUDERNS

Hoch über dem Dorf Schluderns thront die wehrhafte Burg der ehemaligen Churer Fürstbischöfe. Das **prächtige Renaissanceschloss** beherbergt die **weltweit größte private Rüstkammer**. Den ältesten Kern der Churburg bilden der bergseits gestellte Bergfried, der südlich davon über rechteckigem Grundriss errichtete Palas und die Ringmauer, die den geräumigen Hof umschließt. Der Name der Burg am Eingang ins Matscher Tal wird 1259 erstmals erwähnt. Heinrich von Montfort, der Fürstbischof von Chur, hat sie um das Jahr 1250 erbauen lassen. Nach dem Tod des letzten Vertreters der Herren von Matsch, kam die Burg 1504 in die Hände der heutigen Besitzer, der **Grafen von Trapp**. Es folgte die Umwandlung der alten Burg zum prächtigen Renaissanceschloss. Großartig präsentieren sich der bemalte Arkadengang mit dem Stammbaum der Grafen von Trapp und dem Renaissance-Gewölbe aus Laaser Marmor sowie die Burgkapelle. In der prächtigen Rüstkammer befindet sich die vollständige Ausrüstung für eine komplette Burgbesatzung mit mehr als 50 erhaltenen Rüstungen, Stichwaffen und Schwertern – die ausschließlich von Rittern aus den Geschlechtern der Matscher und der Trapp getragen worden sind. Die Burg wurde nie zerstört und gilt als eine der am besten erhaltenen des Landes.

19

Voll ins Mittelalter eintauchen können die Besucher alljährlich Ende August bei den **Südtiroler Ritterspielen in Schluderns**. Das dreitägige Programm in und um Schluderns ist dicht und lässt auch für eingefleischte Mittelalterfans kaum einen Wunsch offen: Ritterturniere und Schlachten, Ringstechen, Streitwagenrennen und Feuerreitshows, Falknerei und Flugvorführungen, Bogenschießen, Kinderritterturniere, Märchenerzähler, historische Umzüge, Konzerte, Nachtspectaculum, ein mittelalterlicher Markt und vieles mehr bieten Unterhaltung und Spannung beinahe rund um die Uhr. Im Pilger-Refugium können Besucher im Heerlager inmitten von Landsknechten und Rittern übernachten (churburg.com, ritterspiele.it).

DER VINSCHGER RADWEG zählt zu den schönsten und abwechslungsreichsten Radwegen Südtirols. Der Fahrradweg ist gut ausgebaut und beschildert, startet in Meran (323 m), führt entlang der Etsch durch Wiesen, Obstanlagen und Dörfer bis nach Glurns (907 m) und von dort weiter nach Mals (1099 m) und bis zum Reschenpass (1525 m). An den Bahnhöfen von Mals, Schlanders, Latsch, Naturns und Meran werden Fahrräder ausgeliehen. Man kann mit dem Vinschger Zug von Meran bis Mals fahren und dann den Rückweg mit dem Rad die 53 Kilometer talabwärts fahren.

◀ Raststätte am Vinschger Radweg bei Göflan ▶ Camping Badlerhof in Laas

AUF EINEN BLICK

Info

STADT/REGION: Vinschgau
BESTE REISEZEIT: April bis Oktober
OPTIMALE REISEDAUER: 3 Tage
TOURISTINFO: IDM Südtirol, Laubengasse 11, 39020 Glurns, Tel. +39/0473/620480, vinschgau.net

SEHENSWÜRDIGKEITEN

PAUL FLORA IN GLURNS: Florastraße 3, Glurns, Tel. +39/0473/831097, glurns.eu
BENEDIKTINERABTEI MARIENBERG: Schlinig 1, Mals, Tel. +39/0473/831306, marienberg.it
SCHLOSS CHURBURG: Churburg 1, Schluderns, Tel. +39/0473/615241, churburg.com
TARTSCHER BÜHEL: Fraktion Tartsch, Mals, Informationen: Tel. +39/0473/831190, vinschgau.net

CAMPING BADLERHOF

ADRESSE: Fam. Hellrigl, Kugelgasse 4b, 39023 Laas, Tel. +39/0473/628011, camping-badlerhof.it
ANFAHRT: Brenner-Autobahn A22, Ausfahrt Bozen Süd/Bolzano Sud, Schnellstraße MeBo Richtung Meran und dann weiter Richtung Reschen. Ausfahrt Ortszentrum Laas.
GPS: 46.61598, 10.69826
Der kleine, familiengeführte Campingplatz liegt direkt neben dem Bauernhof der Familie, eingebettet in eine ländliche Gegend mit Obstbäumen, direkt am Vinschger Radweg, der Via Claudia Augusta – ein idealer Ausgangspunkt für Wanderungen, Rad- und Mountainbike-Touren. Das Badl-Café lädt mit Cappuccino und Apfelstrudel oder mit Speck- und Käseplatten zum Verweilen ein. In 2 Minuten kommt man mit dem Rad ins Dorf zu Bäcker und Markt. Mit der VinschgauCard kostenlose Nutzung der Vinschger Bahn und aller anderen öffentlichen Verkehrsmittel in Südtirol sowie Ermäßigungen bei Seilbahnen, Museen und Freizeiteinrichtungen. Familie Hellrigl freut sich darauf, Sie kennenlernen zu dürfen.

Orts- und Sachregister

CAMPING- UND STELLPLÄTZE

IMPRESSUM

Verantwortlich: Kerstin Thiele
Lektorat: Daniela Hansjakob
Layout- und Umschlaggestaltung: Helene Schumacher
Satz: Silke Schüler
Repro: LUDWIG:media
Kartografie: Huber Kartografie
Herstellung: Anna Katavic

Printed in Slovenia by Florjancic

Unser komplettes Programm finden Sie unter www.bruckmann.de

★★★★★

Sind Sie mit diesem Titel zufrieden? Dann würden wir uns über Ihre Weiterempfehlung freuen. Erzählen Sie es im Freundeskreis, berichten Sie Ihrem Buchhändler oder bewerten Sie bei Onlinekauf. Und wenn Sie Kritik, Korrekturen, Aktualisierungen haben, freuen wir uns über Ihre Nachricht an Bruckmann Verlag, Postfach 40 02 09, D-80702 München oder per E-Mail an lektorat@verlagshaus.de.

Alle Angaben dieses Werkes wurden von den Autoren sorgfältig recherchiert und auf den neuesten Stand gebracht sowie vom Verlag geprüft. Für die Richtigkeit der Angaben kann jedoch keine Haftung übernommen werden, weshalb die Nutzung auf eigene Gefahr erfolgt. Insbesondere bei GPS-Daten können Abweichungen nicht ausgeschlossen werden. Sollte dieses Werk Links auf Webseiten Dritter enthalten, so machen wir uns die Inhalte nicht zu eigen und übernehmen für die Inhalte keine Haftung.

In diesem Buch wird aus Gründen der besseren Lesbarkeit das generische Maskulinum verwendet. Weibliche und anderweitige Geschlechteridentitäten werden dabei ausdrücklich mitgemeint, soweit es für die Aussage erforderlich ist.

Bildnachweis: Alle Bilder im Innenteil und auf der Umschlagvorder- und Rückseite stammen von Udo Bernhart: außer: S. 24, 25 (Camping Löwenhof); 41 r. (mauritius images / Gerhard Wild); 48 r. (Camping Toblacher See); 49 (Camping Olympia); 67 (Camping Seiser Alm); 75 (Hotel Markushof); 91 l. (2) (Camping St. Josef am Kalterer See); 99 (Camping Montiggl); 123 (Mauritius images / Matthias Pinn); 132 (Luxury Camping Schlosshof); 133 (Alpinfitness Waldcamping Völlan); 147 (Caravan Park Schnals); Illustrationen: Shutterstock/Tiwat K: passim

Umschlagvorderseite: Bauernhof in Corvara, Alta Badia in den Dolomiten

Die Deutsche Nationalbibliothek verzeichnet diese Publikation in der Deutschen Nationalbibliografie; detaillierte bibliografische Daten sind im Internet über http://dnb.d-nb.de abrufbar.

ISBN 978-3-7343-2264-8